私たちが
仕事で大切に
していること

心に残る感動エピソード50選

髙松建設
TakaMatsu
感動事例集制作委員会

はじめに

TakaMatsuスピリッツ――5つのキーワードから、あなたは何を想うか？

髙松建設株式会社　代表取締役社長　髙松孝年

「感動事例集」を書籍化することの意味について

この度は『私たちが仕事で大切にしていること―心に残る感動エピソード50選』という書籍を新たに作り上げることになりました。もともと営業部で作成していた、お客様とのかかわりのなかで起きた感動体験をまとめた「感動事例集」を、設計部・工事部を含めて、全社的にまとめるプロジェクトとしてスタートしています。

社員の皆様が仕事を通じて体験した感動事例は、会社にとっての資産です。ですから、より多くの皆様に共有していただきたいという想いがあります。

どう表現したら「感動事例集」を読んでもらえるか？　と想像してみた時、ひとつのアイデアが生まれました。それは「書籍」という体裁をとれば、読みやすく、伝わりやすいツールになると思い浮かびました。

「感動事例集」は、以前から社員向けのツールとして存在していましたが、せっかく良い内容であるならば、外部の人々にも読んでいただけるような内容に一新したほうが面白いとも考えました。

とはいえ、「感動事例集」は不特定多数の読者を想定してまとめられた原稿ではありませんので、そういった内容を外部に向けて公開していくというのはどうだろうか？　といった意見もあるかもしれません。

しかし私は、「感動事例集」でまとめられている内容は、会社として誇るべき事例だと考えています。そういう意味でも広くこの内容が社内外に伝わることによって、ＴａｋａＭａｔｓｕスピリッツが社会に浸透していくきっかけになると考えています。

「縁《えにし》」「リレーションシップ」「グッドカンパニー」「自己実現」「CONSULTANT&CONSTRUCT」——5枚の花弁、その重なり合う世界から見えてくるもの

この書籍では、当社のキーワードである「縁《えにし》」「リレーションシップ」「グッドカンパニー」「自己実現」「CONSULTANT&CONSTRUCT」の5つを事例に関連づけることによって、この事例は「縁《えにし》だね」、こっちの事例は「CONSULTANT&CONSTRUCT、そのものだなぁ」などと、感じられるように工夫しています。

ここで取り扱っている5つの言葉は、社員である皆様も日々使っているものかと思います。ただし、この5つの言葉の概念について深く考察する機会は意外と少ないのではないか？　とも想像します。

5つの言葉は、例えるなら、桜の花弁です。1枚1枚の花弁が重なり合ってひとつになると、花として完成されます。

例えば、「縁《えにし》」と「リレーションシップ」の違いは何ですか？　と問われると、誰もが説

明することが難しいと感じるでしょう。なぜ難しいかは、「縁《えにし》」と「リレーションシップ」の概念が重なり合っているからです。それは5つの言葉、全体に言えることです。

ですので、この事例集を読む前に、改めてこの5つの言葉（花弁）について説明いたします。ただし、それぞれの言葉は仕事のシチュエーションによって多様に解釈されうるものであることも付記しておきます。あくまで当社の仕事におけるベースの考え方として参考にしてください。

縁《えにし》

「縁《えにし》」とは、「えに」という言葉が平安時代に使われていて、その言葉に「し」という強調助詞がついたものが起源だそうです。縁《えにし》という言葉の初出は『伊勢物語』（900年前後）の和歌に使われていて、俗語としては「えに」で、「えにし」は雅《みやび》な言葉として使われていました。一般的にはあまり使われていない言葉ですが、「縁《えん》」よりも印象的で耳に残る言葉であることは間違いありません。

縁《えにし》は、営業社員が訪問先のお客様への想いをつづった「縁《えにし》カード」として髙松建設内では定着している言葉ですが、よく考えてみると、非常に特殊な言葉であり、髙松建設を象徴するオリジナリティが感じられる言葉です。

縁《えにし》は、P to P (Person to Person) を語る際の言葉として位置付けて使用していただくと、他の言葉と混同しないでしょう。

髙松建設の仕事は、縁《えにし》カードで表現される「手書き」のメッセージからつながっていきます。私たちの仕事の発端は、とても「はかない」ものです。だからこそ、それを育み、大事につむいでいかなければいけません。それはお客様への接し方を、丁寧に大切に育むことでもあります。

「縁《えにし》」とは、そんな「はかなさ」を良縁にしていく、きっかけづくりです。

リレーションシップ

「縁《えにし》」がP to Pだと言いましたが、「リレーションシップ」は、その個人的なつながりを社内・社外へと放射状に広げていくB to C、B to Bのイメージととらえるとしっくりきます。

髙松建設内でリレーションシップという言葉が使われ出したのはわりと近年のことです

が、もともとは「グッドウィル（goodwill）」という言葉が使われていました。辞書によると、「善意」「親切心」「社会的信用力」です。

つまり、私たちのマインドのコアには「善意」があります。それを社内・社外に広げ、当社にかかわるすべての人々と良い関係をつくっていくことが、髙松建設における「リレーションシップ」です。

グッドカンパニー

「グッドカンパニー」はB to Bにおける社内・社外の声です。つまり、社内において「髙松建設は良い会社である」という声があり、社外において「髙松建設さんとお仕事ができて良かった」と声があがれば「グッドカンパニー」です。

髙松建設の目指すところは、トップクラスのホワイト企業であり、そのための取り組みをこれからも行います。社員の皆様やお客様をはじめとしたすべてのステークホルダーが当社に寄せる期待に対して、真摯に応えていけるような経営を目指していきます。このような精神が、自然と社内・社外に伝わっていく状態を、グッドカンパニーと定義します。

CONSULTANT&CONSTRUCT

「C&C」として当社に定着している言葉です。言い換えると、「提案力と技術力」です。この言葉は、髙松建設のビジネスモデルそのものであり、最も事業のコアを端的に示す表現になっています。

50年ほど前に遡りますが、まだ髙松建設が「髙松組」だったころ、「提案営業（開発営業）」を始めました。その当時、建設業界では「提案」や「ソリューション」という概念は存在していませんでした。「建築屋は、建てることが本業であり、安い見積もりを出すもの」というのが常識でした。しかし当社は、ただ要望通りの建物を建てるのではなく、お客様の立場に立って付加価値の高い提案をすることで、お客様の事業を成功させるとともに会社としても成長してきました。

そして、時代も変わり、C&Cの精神を推進していった結果、もともと賃貸マンション建設が主体だった事業から、現在のように幅広いCONSTRUCT事業へと発展していったのです。

「CONSULTANT&CONSTRUCT」は髙松建設のスピリッツの中核であるため、事例を通してより深く考えてもらいたい言葉です。

自己実現

「何のために働くのか？」――ある人は「生活のため」、ある人は「成長するため」など、さまざまな想いで働いていることでしょう。

「自己実現」という言葉で想起するのは「マズローの欲求5段階説」です。「生理的欲求」から始まり、「安全欲求」「社会的欲求」「承認欲求」と続き、最後が「自己実現欲求」です。簡単に言えば、「自己実現欲求」とは高次の欲求であり、高い理想とも言えます。

会社としては、社員の皆様には「自己実現欲求」というものを忘れないで仕事をしていただきたいですし、仕事以外のライフスタイルも充実する人生を送っていただきたいと思います。

冒頭で示した「何のために働くのか？」に対して明確に答えられる人は、主体的に物事をとらえ、人生を生きています。見方を変えれば、プロ意識がある人です。プロフェッショナルは、必ず自己実現を追求します。

また、自己実現という言葉がピンと来ない場合は、「夢」や「目標」という言葉に置き換えてみるとわかりやすいでしょう。「小さな目標」からスタートして、ぜひ自己実現を目指してください。

以上、ざっと5つの言葉について改めてまとめてみました。これを機に、この5枚の花弁をベースに思考を巡らせてみてください。

それぞれの事例に対して便宜的にひとつの言葉を当てはめていますが、多くの事例にはすべての言葉が含まれているはずです。ですから、あくまで類型は目安であり、皆様の想像力を働かせて事例について考え、日々の仕事に役立ててみてください。

私たちが仕事で大切にしていること——心に残る感動エピソード50選　目次

CHAPTER

0 TakaMatsuでの働きがい

CHAPTER

1

縁《えにし》

CHAPTER

2 リレーションシップ

CHAPTER

3 グッドカンパニー

CHAPTER 4

CONSULTANT & CONSTRUCT

CHAPTER

5 自己実現

CHAPTER

0

TakaMatsuでの働きがい

引き渡し日に、お客様からいただく感謝の言葉が、すべての原動力になる

高松建設株式会社　執行役員　営業統括本部長　中野健太郎

営業という仕事に出合えて

「働きがい」というテーマで社員の皆様へ何が伝えられるかを私なりに考え、営業社員の皆様だけでなく、設計や工事の社員の皆様へも通じるメッセージを伝えたいと思っています。

私は大学の建築学科を卒業して高松建設に入社しました。建築学科では「構造」系のゼ

ミに所属し、将来の自分のありたい像を描いていました。当時、自分としては設計よりも施工に興味があり、現場監督になりたくて当社に入社したのが経緯です。

入社して、3～4年が経つと、現場監督を任せられるようになりました。建設業界では、キャリアの浅い若手が責任ある立場に抜擢されることは異例で、そういう意味でも私自身の「働きがい」は満たされていたのです。

しかし、入社5年目に突如、営業に異動命令が下りました。その当時、私は結婚したばかりで、私の記憶が間違っていなければ、新婚旅行から帰ってきた時と異動時期が重なっていたと思います。まさに寝耳に水の話で、大変驚き、「なんで、私が……」と呆然としました。

この時ばかりは本当に会社を退職することを考えました。ひとりで考えていても埒が明かないので、家族に相談したところ、予想外の言葉が返ってきました。

「どんな仕事でも3年は続けてみて、それから考えても遅くはないんじゃない？」

妙に説得力のある提案にハッとし、この言葉が胸に刺さって、「ダメかもしれないが、一度やってみるか」と心が動いたのです。

工事とは180度違う、営業の仕事

「開発営業」（提案営業、今でいうコンサルティング営業）と言うと、聞こえはいいですが、俗に言う「飛び込み営業」です。当然、お客様に相手にされない日々が続きます。この苦しみは、やったことのない人には伝わらないかもしれませんが、本当に大変です。

私は入社5年目にして、「初めて世間の厳しさを知った」のです。工事で現場監督をしていた時は、少なくとも誰に何を言われるわけでもなく、自身の責任のもとに現場を統率し、仕事を進めることができました。

しかし、営業はまったく違いました。まずお客様と面談することさえ叶いません。どうしていいかわからない失意の日々が続きました。理由など考える暇もなく、私はただがむしゃらに仕事と向き合いました。

冷静に当時を振り返ってみると、私はただ「勘違いしていた」のです。人の心を動かさなければ、人は私と仕事をしてくれません。だから、お客様をどう「感動」させることができるか？　を考えることが仕事の出発点です。そういう意味において、私は仕事の本質をわかっていませんでした。だから、営業という仕事が苦しかったのです。

営業・設計・工事など、職種を問わず、「苦しい」時期はあるでしょう。その時はもしかしたら、自分自身の弱さを知って、自分ひとりでは決して仕事を完遂できず、お客様の心を動かすという原点――仕事の本質を知る――タイミングなのかもしれません。

仕事が「面白い」と思った瞬間

営業に配属されて間もないころは、営業という仕事を、半ば「生活するために」やっていました。好きとか嫌いとかを考える暇もなく、ただ仕事に没頭する日々が続きました。2年という月日が経ち、初めて受注した物件の引き渡し日を迎えることができました。その時に、お客様から思わぬ一言をいただくことができたのです。

「中野くん、ほんまにありがとう」

お客様からの言葉に私の心は震えました。

「髙松さんに、仕事をしてもろて、よかったわ」

このような言葉をかけていただいて、涙が出そうになりました。

実際は、私のほうこそお礼を言わなければならない立場なのに、逆にお礼を言われる仕事は、世のなかにそう多くはありません。

今まで営業としてお客様に尽くしてきたことが報われる瞬間でした。この2年間での出来事が走馬灯のように映り、その一つひとつが良い思い出に変わっていきました。

営業の醍醐味は、閉じた心を持ったお客様を振り向かせることです。門前払いされ、面会を断られ、相手にされなかった人にも、実はチャンスがあるのです。

引き渡し日のお客様の喜ばしい様子は、最初にお会いした時とはまったく違うというケースはままあります。苦しいことは山ほどありますが、それを大きく超える喜びがあるのです。

営業と縁《えにし》

営業の本質はどこまでいっても縁《えにし》でしかありません。縁《えにし》は髙松建設のなかでもとくに大切にしている言葉ですが、とても深い意味を内包しています。

例えば、私が冒頭で述べた、工事から営業へと異動した話も、縁《えにし》で説明するとスッキリ理解できます。納得できなかったら、会社を辞めてもよかったわけです。もしくは再度「工事」に異動願を出してもよかったのです。それにもかかわらず、私は営業という仕事に没頭していました。ですから、私の縁《えにし》は、現場監督のスキルをもった営業としてのミッションがあったのかもしれません。

また、縁《えにし》は髙松建設のビジネスモデルとも関係があるとも思います。私が入社5年目だったころは、今とは違って個人のお客様が主でした。ですから、建築物を建てるとなると、数億円以上の銀行融資が必要になります。自ずとお客様は単なるビジネスパートナーというより、縁《えにし》を感じる営業担当者をパートナーとして選ぶことになるのです。つまり、営業は運命共同体としてお客様とともに伴走する必要があるわけです。

カタチが見えないものを創造すること、そこに働きがいがある

ここまで営業目線からの「働きがい」について語ってきましたが、じつは設計も工事も、その本質は変わらないと私は思っています。基本的には、お客様との丁寧なコミュニケーションのなかで信頼され、感謝の言葉をかけていただくことが仕事の本質です。

時には現場で厳しい変更要望もあります。そういう場面において、設計も工事も、お客様と向き合って対応することによって、ともにゴールに向かっていきます。

私たちの仕事は建築物を通じて、お客様の夢や未来を創造することです。ですが、その一つひとつがオーダーメイドであるために、カタチが見えません。

建築物はモノではありますが、そのスケールが大きく、途中での仕様変更も起こるため、完成予想を表現して説明することの難易度は高いです。だからこそ、営業も設計も工事も想像通りにイメージを表現することに苦労します。

また、たいていのお客様は建築物を建てた経験を持っていないことが多いものです。そのことも、この仕事を難しくしている要因のひとつでしょう。お客様も私たち同様に「どうしていいか、わからない」といった悩みを常に抱えています。

「お客様の悩みに寄り添う」――そのことを私たちは常に想像し、創造することこそが、営業も設計も工事も共通の仕事ではないでしょうか？　お客様とのコミュニケーションを重ねて、よりよい建築物を造り、お客様の夢や未来を創造すること――それが私たちの働きがいそのものなのです。

CHAPTER 1

縁《えにし》

営業社員
インタビューA

「誠心誠意」の行動が引き寄せる、必然の因果

DATA

入社	2005年
物件情報	14階建て賃貸マンション
その他	中途入社、前職ではアパレル勤務

「お困りでしたらお手伝いをさせていただきましょうか？」ご老人への道案内

その日、早朝から担当エリアで営業をしていると、小さな住宅地図を持って、うろうろされているご老人が目に留まりました。

道に迷っていらっしゃるのかもしれない。

とっさにそう判断した私は、「お困りでしたらお手伝いをさせていただきましょうか？」と、声をかけました。私の声がけに、ほっとされたのかもしれません。「ここに行きたいのだが……」と、ご老人は住宅地図を見せてくださいました。

指された番地には見覚えがあります。ご老人が向かおうとしていた先は、私が何回か訪問するも、お会いできないお客様の所だったのです。

「この住所ならよく知っている場所なので、ご案内しましょう」と申し出て、私はご老人を、お客様のもとへお連れすることにしました。

自己紹介がてら道中いろいろとお話を伺うと、偶然にもこの方は、以前当社で主催した物件の見学会に参加されていたことが判明しました。

「高松つながり」で話が弾み、向こうも気を許されたのでしょう。これからご案内する法人のお客様とは面会できていない現状をお伝えすると、「それなら私が、あなたに社長を紹介してあげよう」と、おっしゃられたのです。

初対面にもかかわらず、私はおふたりとの同席を許していただき、その日のうちに社長から、所有する駐車場の有効活用に向けて、プラン提案のご依頼をいただきました。

そろそろ本格的に土地活用を見直さなければと、社長ご自身がお考えのところへ私がお邪魔した、そのタイミングも良かったんだろうと思います。

駐車場からマンション経営まで計画の規模は広がり、最終的には地上14階建ての賃貸マンション建設の受注につながりました。

縁《えにし》の力が働く時

この案件に関しては、ご老人の仲介があったとはいえ、双方で信頼関係が生まれる前の段階で成立したご依頼でした。

私どもをご存じない社長からしたら、心配な面もあったに違いありません。ですから、普段にも増して設計部・工事部の担当者と連携し、計画の先行きへの不安を感じさせないように、相手の立場に立ったスピーディな仕事を心がけました。

社長のご希望で建物の設計については、遠方に住むご親族の建築士の方へお任せしました。

設計担当者が決定してからは、打ち合わせの手筈に始まり、その方からFAXで送られてくる手書きの図面を、社内でCADに落とし込む作業に至るまで、皆で迅速に対応しました。通常よりも手間はかかりましたが、各部署の協力により計画のすべてが整い、良い方向へ進んだ結果、チームのパワーが発揮できたと思います。

それと同時に、もうひとつ心がけていたのは、「相手に対して誠心誠意の接遇をする」ことでした。

社長はかなり顔が広いうえに、業界内で複数の団体の役員を兼任されるなど、人を見る目を養われています。そんな方には嘘が通用しないのです。

私は昔から「誠心誠意」という言葉をよく使うのですが、このお客様だけに限らず、誰に対しても、そのように心を尽くしています。お客様との信頼関係は、組織であれ個人であれ、こちら側から発する常日頃の裏表のない言動の積み重ねによって、少しずつ育まれていくものだと考えているからです。

真心を持って目の前の相手と対峙する。そこから、さまざまな人や場所への、縁《えにし》が生まれるのではないでしょうか。

どこで誰が見ているか、どこで誰とつながっているのかはわからない

ご老人との出会いにもあるように、どこで誰が見ているか、どこで誰とつながっているのかはわかりません。それゆえに私は日頃から、自分のふるまいがどんな時でも誠心誠意であるよう努めています。

車椅子の方がお困りであれば手を貸しますし、道端に落ちているゴミを、自分が拾うことはあっても、自らポイ捨てすることはありえません。

私はタバコを吸いませんが、歩きタバコや野外での飲食もしませんし、周囲の人を不快にさせるような行動をしていないか、気を付けるようにしています。

はたからご覧になられた方々に、いかに良い印象を抱いていただけるか。それをたえず頭に置いて、自分の言動には注意を払っています。こうした私のあり方には、前職のアパレル勤務時代に、先輩から諭された言葉も影響しています。

「同じ能力・条件の社員がいたとして、その2人が同時にお客様のところへ営業に出向き、1人は身なりを整えており、もう1人はだらしない恰好だったとする。もし自分がお客様

だったら、どちらの社員が勧める商品を購入したいと思うか？　どうせなら、清潔感のある人から買いたいじゃないか」

さらに言えば、営業社員が身だしなみを整えるのは当然としても、そもそもお客様は大事な資産を、覇気のない、いい加減な態度の相手に託されるでしょうか。

自分が逆の立場でも、やはりお願いごとは信頼がおけて、かつ元気のいい人物に頼みたい。とくに私の場合は年齢も高いため、外見・内面から醸し出される自分のあり方については、常に配慮しています。

アパレルメーカーから50歳での転身

私は50歳で高松建設に中途入社しました。それまでもアパレルで営業職に就いていたものの、まさか畑違いの業界に飛び込んでいくとは、自分でも想像していませんでした。

前職を退職し、失業保険を受給するための面接で、「高松建設という会社が46歳までの求人を募集しとる。あなたは50歳だが若く見えるし、面接に行ってみたらどうやろう？」と、ご紹介をいただいたのです。

営業
設計
工事

求人の年齢制限を超えていたこともあり、面接当日には人事担当者以外に、何人もの社員の方が私を見に来られました。おそらく「この人物を採用して大丈夫だろうか?」と、確認をされていたのではないかと思われます。ちなみに、その時会話を交わした皆様のなかには、今回の物件でご協力いただいた、上司の方々もいらっしゃいました。

人生半ばを過ぎての転職に、私は不安を覚えていました。一方で、雇う側の会社の皆様も、それ以上に不安だったのではないでしょうか。

なにしろ、自分は規定年齢オーバーなうえに未経験、おまけに畑違いのアパレル業界出身です。いつまで続くだろうかと、危ぶまれても不思議はありません。

それでも、今もこの会社で働いているのですから、これもまた何かのご縁なのでしょう。

「誠心誠意」が、縁《えにし》を引き寄せる

これまで自分の携わった作品ともいえる建築物は、建物としての役割を終えるまで、同じ場所に残ります。ということは、その建物を介したお客様と私のお付き合いも、ずっと続いていくわけです。信頼にもとづいた長いお付き合いが、年を追うごとに広がっていくのが、営業を続けてきて良かったなと、私が一番強く感じるところです。

ご老人が取り持ってくださった社長とも、２０１５年のマンションお引き渡しに続き、今また新たに、物件を一緒に建てる計画が進んでいます。

「次に何かやる時には頼むね」と、お客様からご依頼いただける、信頼関係を継続できるのは本当にありがたいと感謝しています。

とはいえ、営業をしていると、人間不信に陥るような事態も頻繁に起こります。「信頼関係が築けたかな」と、手ごたえを感じた矢先に、お客様が他社と契約する場合も珍しくはありません。でも、そこでくじけていたら、仕事になりません。お客様の心変わりに遭遇するのも、営業職の宿命と割り切って、自分を叱咤激励するしかないのです。

ただし、人間には誰しも、調了の良い時や悪い時があります。

調子が悪い時は、どこかで工事は始まっていないか、担当エリア内の調査をしたり、調子が上がってくれれば、勢いに任せて20件近く営業先を訪ねてみたりしました。

その辺りは臨機応変に、自分でメリハリをつけて行動すればよいのではないでしょうか。

いずれにせよ、いつでも新しい出会いに踏み込んでいける自分であるよう、「誠心誠意」を忘れずに心身を整えておく。それが、縁《えにし》を引き寄せる一歩となる気がします。

営業
設計
工事

営業①

「私は、あなたの熱意に負けただけだよ」——お客様の心を動かしたもの

お客様と髙松建設との関係、お客様と私との関係。

どの部署で仕事をしていても、「私の役割とは何だろうか」と、ふと立ち止まり考える時は、誰にでもあるのではないでしょうか。

かく言う私も、人と人とがコミュニケーションを図り、そこで相手に感謝されるからこそ利益をいただけると感じる一方で、それだけでは仕事にならない、一定基準の利益をもらわないと成果は得られない、と葛藤していた時期がありました。

「どのようにしたら、お客様から利益をいただける案件になるのか？　どのように対応すれば相手に不快感を与えずに済むのか？」それ以来、毎日そのことだけ考え続けて、営業7年目に突入していました。

答えの出ない問いと向き合いながら、この間に何度も何度も会社を辞めたいと思いまし

た。でも、ある会社の会長をされているお客様に、「なぜ髙松建設で建物を建築されたのですか？」とお尋ねする機会があり、私の気持ちに変化が生じたのです。

「君は毎日コツコツ会社を訪問して、『来るな』と言っても毎日手紙を書いて、提案を懲りずに持ちかけてきた。いくら断られようが、これでもか、これでもかと、何とかなるまで提案をしてきたよね。私は、その熱意に負けただけだよ」

お客様は、自分が予想もしなかった言葉をおっしゃられました。

「私は営業職なので、当たり前のことを当たり前のように行動しただけです」と、私が伝えると、お客様は首を横に振って、話を続けられました。

「今は当たり前のことをできない人物が老若男女問わず多い。社長であろうが、上司であろうが、部下であろうが、役割は関係ない」

そして最後に、私の気持ちを、まるでご存じであるかのように、「壁に当たった時は、自分自身が変わらなければ何も変わらないよ」と、言い含められたのです。

考えてみると、私の仕事への悩みを反映してか、それまで自分の周りでは、目の前の問題から逃げる人が目につきました。でも、私自身の仕事への向き合い方が変われば、周囲の状況も仕事の成果も、おのずと違ってくるのではないか。

逃げたくなる案件、挫折しそうな案件、くじけそうな案件は、今後も出てくるでしょう。たとえそうであっても、目の前の問題から逃げず、コツコツ努力を重ね、まっすぐに自分のなすべき職務を果たしていく。悩みが吹っ切れた今、それが私自身の成長につながるのだと感じています。

営業②

「諦めず交渉してくれてありがとう」——真心から生まれた小さな奇跡

「誕生日プレゼントに、ビルを1棟プレゼントしてもらったこともあってね……」

とある法人の社長をされているお客様は、今は亡きご主人の想い出話を、よく雑談のなかで語られていました。若い頃には不動産の購入を夫婦二人三脚でされていたなど話題は尽きず、社長はご主人のお話になると、いつも満面の笑みを浮かべていらっしゃいました。

ご自宅には、未だにご主人の愛車があり、社長が今でも大事に乗られていました。ご仏壇には、ご主人の大きな遺影が掛けられており、毎日そこでお参りをされているそうです。(ご主人が早く他界されて、さぞ寂しいだろう)私は言葉の端々から、社長の想いを感じ取っていました。

しばらく訪問を続けるうちに1棟ご契約をいただき、それを契機に社員の方より、「実はもう1棟、建替えをしたいビルがある」と、私に相談が持ち掛けられました。

社員の方がおっしゃるには、建て替えを希望するビルの敷地は狭く、建て替えるのであれば、周囲の土地を購入しなければならないとのことでした。

しかし、隣地の購入を複数の不動産業者に依頼しても、所有者にすら辿り着けないため、建て替えようにも不可能な状況で、そのことを、「主人の夢を叶えてあげられなかった」と、社長が悔まれていると話されたのです。

今が「お役立ち」の絶好の機会とばかりに、私は社員の方と相談のうえ、社長には内密で、隣地の訪問・所在調査などにダメもとで乗り出しました。

そして、時間はかかったものの、購入したい土地の所有者とようやく接点が持て、コンタクトを取れた段階で社長に報告しました。私たちの働きをご存じなかった社長は、今まで連絡先すら不明だった所有者の方と連絡が取れたことに驚かれました。次いで、何度も感謝のお言葉を口にされたのです。

それから正式に隣地を購入するまでには、約2年かかりました。

所有者の売却の意向を受けて、ご主人の念願であった隣地の購入を、社長へ報告させていただく日がついに訪れました。

「諦めずに交渉してくれてありがとう。主人もきっと喜んでいます」社長は涙を流して、私にお礼の言葉をおっしゃいました。

ご自宅にも伺い、その際には、「隣地が買えるようになった吉報を直接、位牌の前で主人に報告してほしい」と言われ、私からも亡くなったご主人に、ご報告をさせていただきました。その時の社長はうっすらと涙を浮かべており、それを見た私も、目頭が熱くなったのが記憶に残っています。

正直に言ってしまえば、最初は契約に結びつけばという気持ちで交渉に臨んでいました。今まで複数の業者による交渉がうまくいかなかったのに、私がかかわったからといって、うまくいくわけがない。半ば諦めの気持ちでいましたが、いつの間にか私は、単なるお役立ち営業の域を超え、無我夢中になっていました。所有者の方との面談のきっかけづくりを、粘り強く続けていたのです。

それは、契約が欲しいだけではなく、心の底から純粋に、お客様の夢を叶えたい、お客様の喜ぶ顔が見たいという一心からでした。

当社の営業の原点である「お役立ち」は、契約のための手段や、お客様の気を引くための偽善的なものであってはなりません。お客様に心から喜んでもらいたいと願い、お客様に寄り添う気持ちが行動の動機にあるからこそ、真の意味での「お役立ち」が実行できるのではないでしょうか。

誰のための「お役立ち」なのかを自分自身に問いかけ、お客様を第一に考えて、物事に働きかけていく。そんな真摯な気持ちは、きっとお客様にも伝わると私は信じています。

営業③

お客様が口にできない本心や、携わる方々の想いを酌み、お手伝いすること

お客様から託された想いを、ご家族の皆様の将来のために、事業計画に変えてお渡しする。お客様へのご提案には、そんな意味も込められているのではないでしょうか。

話は2019年頃にさかのぼります。兵庫県にて銭湯を経営されていたお客様は、大阪市内に老朽化した不動産をお持ちでした。私はこの土地を有効活用できないかと考え、訪問を続けていました。

初めのうちは、私の提案には取り合っていただけず、逆にお客様から老朽化した銭湯についての相談を持ちかけられました。しかし、検討しても事業としてはお客様に利益をもたらすものにはならず、そんななかやっと大阪市内の土地活用の話にも耳を傾けてくださるようになりました。

そのうちに、お客様との関係は徐々に深まっていき、いつしか事業以外にもご家族の話

営業
設計
工事

が会話に登場するようになります。３人のお子様の話や、ご長男と仲が悪くなられたいきさつ、ご家族内で異なる資産への見解など、私はお客様からたくさんの想いをお聞きしていました。

そんな折、お客様が病気で急遽入院されました。私はご自宅への定期訪問に代わり、病院へお見舞いに伺うようになりました。

入院先の病院での面会にも慣れたある日、私はお客様から初めて耳にする重大な話を聞かされます。

お客様は、大阪市内の土地の売却を決心されていました。土地を売却後、足の不自由なご長男のために別の土地を購入し、その土地に賃貸マンションを建て、ご長男にはそこの管理をさせてあげたい、と目論まれていたのです。

日ごとに悪化する病状に、危機感を覚えられたのかもしれません。私に本心を打ち明けられ、集中治療室に移られる時には、「自分の想いを長女と髙松建設に託す」とまで告げられました。

それまでお客様に背を向けていたご長男に、私がこのことをお話させていただいたところ、黙って私の話を聞かれていました。

そして、しばらくすると声を詰まらせて、「……父の力になってください」と、おっしゃられたのです。これを契機に、ご長男は私たちに歩み寄られ、大阪市内の土地の売却のご了承と、それに向けてのご協力をお約束してくださいました。

お客様とご長男の和解後には、すべてを任されたご長女夫妻と私との間でやり取りが始まりました。次女様、お母様のご賛同のもと、敷地の隣地の所有者との間に売却の契約を取り付け、滞りなく相続がなされました。ご家族の考えは一致し、私はお客様から託された想いを果たせたのです。

お客様のなかなか口に出せない本心や、携わる方々の想いを、私たちが間に立ってお手伝いすることで、最良のご提案が生まれ、それによりご家族の心がひとつになる。

お客様と、そのご家族の人生のお役に立てる、この仕事の素晴らしさを、私は改めて知ることができました。

営業

設計

工事

営業④

「投函された手紙は全部見たし、あなたと話してみたいと思ったの」——想いが通じた瞬間

歴代のエリア担当者が面談できていなかった、国道沿いの大きなお屋敷。当時新人だった私も訪問しましたが、ご夫婦が門扉から出てこられることはありませんでした。

お目にはかかれなくても、こちらの想いをお伝えしたい。

私は何か方法はないかと考え、2枚ほどの丁寧な手紙を書き、それを毎回ポストに入れるようにしました。

それから数カ月が過ぎたある日、インターホンを押してみると、いつもとは違った反応が返ってきました。

「ああ、あなたね。なかに入って」

奥様が顔を出され、私は玄関へ招かれたのです。


玄関には、花の良い香りが一杯に広がっていました。

「お花の良い香りがしますね」とお伝えすると、「実は主人が亡くなったばかりなの。仏壇にたくさんの花があってね。父も半年ほど前に亡くなったから、今はこの家に私ひとりで住んでいるのよ。主人なんて相続対策する間もなかったから、もう大変」と、奥様は力なく笑っていらっしゃいました。

返す言葉もなく、そのまま奥様と目を合わせていると、「まあなかに入ってよ」と、リビングまで通されました。そこで奥様は私に、庭の梅の実で作ったジュースをふるまわれたのです。手作りのジュースをいただくかたわら、リビングを見渡すと、壁に絵画が掛かっています。その絵を見て「平山郁夫の五重塔ですか」と、私が尋ねたのを皮切りに、奥様は気持ちがほぐれたのか、ご主人の想い出を語られました。

ご主人は絵画を集めるのが好きだったこと、この家を建てた時の思い入れなど、たくさんのお話を聞かせてくださいました。そのうえで、「せっかくだから、家のなかを見て

営業
設計
工事

いってよ」と、邸宅を一部屋ずつ回って、丁寧に説明してくださったのです。

今では手に入らない上質な木材や、雪見窓がついた障子、建築当初から使ってきた全面銅製の洗面台。次々と部屋を案内してくださる奥様の嬉しそうなご様子から、ご主人が自ら設計し、こだわってつくった家を、慈しみながらお住まいになっているのが強く伝わってきました。

一通り家のなかを見せていただいた後に、奥様はこれからの計画について触れられました。いま土地を探していて居宅付きマンションを建てたいこと、新居にできるだけ現在のご自宅のものを引き継ぎたいと思っている旨を、お話しいただきました。

「投函された手紙は全部見たし、あなたと話してみたいと思ったの。頼む設計事務所は決まっているけど、施工会社は決めてないからその時はよろしくね。だから今日の話を覚えていてね」と、最後におっしゃり、それ以降は非常に頼りにしていただいています。

一人ひとりのお客様には、それぞれに土地や建物にまつわる多くの思い入れがあります。私たちは真摯にお客様の想いを受け止めて、その想いをお客様と一緒に大切にできる営業でなくてはいけない、と感じた出来事でした。

営業⑤

「あなたと出会ってしまったのだから やらざるを得ないね」——仕事への姿勢を評価されて

「(工事費が)他社と1億円違っても、あなたと出会ってしまったのだからやらざるを得ないね」

お客様が冗談混じりにおっしゃった言葉を、私は今でも忘れることはできません。新卒入社をして営業部に配属され、まだ右も左もわからなかった頃に、初めてご契約いただいたのは、和菓子店を経営されていたご夫婦でした。

創業80年以上の、老舗の和菓子店とのお付き合いは、建物の老朽化への対策と収益増を目的に、飛び込みをしたのが始まりでした。店への訪問を重ねるにつれて、ご夫婦は少しずつ話をしてくださるようになりました。ですが、肝心の土地活用についてのご提案は、まったくできずにいました。

それでも、当社は地元で長く経営をされているお客様を対象に、地域密着型の営業をしているとお伝えし、お客様から地元のことを教わるなどして、私は継続的な訪問を行っていました。

訪問を開始して4カ月ほど経った8月のある日、私はお客様のお店があるエリアに台風が接近するというニュースを知ります。

和菓子を製造している工場に、雨が浸水するのを防がなければという気持ちで、私は大雨の降るなか、急いで水害対策用の土嚢《どのう》袋をお持ちしました。

雨にもかかわらずお店へ顔を出した私に、最初おふたりは戸惑われていました。しかし、お伺いした理由をお伝えすると、私の持参した土嚢袋を、喜んで受け取っていただけました。

そして、普段は足を踏み入れたことのない工場まで招き入れてくださったかと思うと、改まったご様子で、話を始められたのです。

「実は土地活用を考えている。あなたが熱心にお店を訪れ、自分たちが生まれてからずっと住んでいる街を知ろうとしたり、孫を可愛がってくれたりすることを嬉しく感じていた」

私の日頃の行いをご覧になり、安心して相談できる相手だと評価していただけたのでしょうか。この日を境に建築プランの提案をご依頼いただけたのです。

ご依頼後には、イベントの手土産用に和菓子を購入・活用させていただくなど、関係を構築しながら事業の提案を進め、やがて5カ月ほどが経ち、いざ最終提案という段階に差しかかった頃、ご夫婦から相談がありました。

ご子息と遠方にお住まいのお嬢様、おふたりいらっしゃるお子様のうち、ご子息の方が建築に猛反対をされているそうなのです。同じ敷地内に住まわれているのにもかかわらず、喧嘩になるため、今ではまともに話もできない状態であるとのことでした。

おふたりは、今後事業を継承していくためには、息子に納得してもらわないと計画を進められないのでどうにかしてほしい、と私に頼まれました。

ご依頼を受けた私は、ご子息との面談を図りましたが、お仕事柄、帰宅時間が不規則なこともあり、お手紙も直接のご訪問も、受け入れてはもらえません。それならば、とお母様に相談をして、ご子息に電話をおかけしました。

電話がつながりご挨拶をすると、ご子息は開口一番に電話口に向かって怒鳴られました。ご両親への不満なども伝えられ、そのまま電話を切ろうとされます。私はその電話の最後で、「ご面談できなくても○月○日の夕方より、ご自宅前でお待ちしています」と、お伝えしました。

約束当日は、お母様やご子息の奥様にもご協力いただき、「何時頃帰ってこられそうだ」と情報を入手しつつ、3時間ほどご自宅前でお待ちしていたかと思います。そして、ご子息が帰宅された瞬間に、すかさずお声がけをしました。

最初は玄関先で拒否されましたが、ご両親の希望のためにも何とかお話をしようと粘ったところ、ご自宅に入れていただきました。ご本人から、なぜ建築に反対だったかを直接伺いながら、私はお客様のお気持ちを伝える頃合いを見計らっていました。

ご子息の言葉が途切れた時、「ご両親がお子様たちの将来を考えているからこそ、建設計画を進められようとなさっている」と、私はお客様の想いを代弁させていただきました。話を聞かれていたご子息の態度は和らいでいき、しまいには計画についてご納得されました。そして、当社に対する先入観も捨てられたのです。

最終提案の際には、ご子息も同席されました。

最後に少しだけためらわれたご両親へ、ご子息が「自分を説得してまで髙松建設さんとやりたいと思ったのだから安心して任せればいい」とおっしゃり、おふたりの背中を押されました。

この案件では競合が5社おり、工事費が一番低い会社と当社とでは、1億円程度の差があったそうです。金額的な面では他社に負けていたにもかかわらず、ご夫婦は当社を選んでくださったのでした。

当社の取り組みと一生懸命にお客様と向き合う姿勢を評価していただき、私は入社10カ月にして、初めてのご契約をいただくことができました。ご捺印の際にご夫婦にいただいた、「あなたと出会ってしまったのだからやらざるを得ない」の言葉は、深く心に残っています。

営業活動をするうえで、苦戦することもありましたが、今でも私が困難にめげずに活動し続けていられるのも、このお客様との出会いがあってこそだと感じています。

営業
設計
工事

営業⑥

「お断り」を乗り越えた先にある、お客様との信頼関係を築きたいという想い

「君だけじゃなく、他社の営業も毎日のように来るから名刺も山ほど溜まっている。自分でもあの土地は今のままではいけないことはわかっている。いつかは何かしなくてはと思っているが、今は現状の駐車場の収入で困っていないので、何も動くつもりはない」

初めて訪問した私に、お客様が投げかけられたお断りの文句は、今思えばご提案までの道のりの険しさを物語るようなものでした。このお客様との出会いは、2019年入社から間もない頃になります。私がご挨拶をする前に、先手を打ってお断りを申し出られた、お客様の姿が印象的でした。

最初から良い印象を持たれなかったわけですが、今はその気がなくても、いつかはお客様のお役に立てるのではと、私は定期的に訪問を続けました。もっとも、どれだけ訪問を

繰り返しても、状況は一向に変化しませんでした。

そうこうするうちに、ある日お客様から連絡が入ります。「たくさん通ってくれて申し訳ないがもう来ないでほしい。『建設するつもりもないのにちゃんと断らず、こんな山奥まで何度も通わせて可哀想だ』と妻から怒られた」と、電話口で伝えられたのです。電話を切った私は、当社の都合でこれ以上お客様にご迷惑はかけられないと思い、お客様への訪問を控えることにしました。

そのご連絡を受けたのは、ちょうどお盆に差しかかる連休前でした。直接お詫びにあがると、時期的にもかえってご迷惑になるかもしれません。

私は訪問する代わりに、手紙を出すことにしました。提案資料一式をファイルにまとめ、ご主人・ご子息・ご息女用に3部作成して、お詫びの手紙と同封したのです。

すると、連休中にもかかわらず、私の携帯電話にお客様から着信が入りました。あいにく、その電話には出られず、私は連休明けに電話のご用件を伺うために、お客様を再訪しました。

お電話をいただいた理由は、前回と同様に、お断りに近い内容でした。とはいうものの、訪問の際にお持ちしたお土産から地元話や家族の話などに話題がおよび、今まで以上に話が盛り上がったのです。

話の終わり際には、「一生懸命考えてくれることはありがたいが、やはりすぐに何か動くことはない。何かやる時には、絶対に声をかけるから安心してくれ」と、約束されました。

私はこの時、少しずつではあっても、お客様からご信頼いただけるようになったと感じていました。それからも懲りずに訪問を続けては、「こんなアクセスの悪い山奥まで来なくていいのに」と毎回お客様に断られる、そんなやり取りを飽きもせずに続けていました。

2022年3月になると、お客様の所有される月極駐車場を管理する、地元の不動産業者の方より私に突然連絡が入りました。その方がおっしゃるには、お客様から駐車場解約と土地売却のご相談があり、一番に髙松建設の名前が出たので見積もりを出してほしいというのです。

不動産業者が声をかけた他社を含めた、4社で買付証明書の提示が行われました。当社の買付金額は、他社を下回るものでした。一般的には、一番高く買ってくれる会社に売却するのが普通ですが、お客様は当社への土地売却を希望されたのです。

2022年5月、売買契約の際にお客様は、ご自身の率直なお気持ちを、私に語ってくださいました。

「いろいろ提案してくれたのに売却になり申し訳ない。息子たちから不動産ではなく現金で継承してほしいと言われ、このような決断となった。

正直に言うと、何度断ってもしつこく訪ねてくる君の顔を見たくない、とさえ思ったことが何度もあった。だけど、代々受け継いできて自分が生まれ育ってきた思い入れある土地を誰に託すべきかと考えた時に、一番に浮かんだのが君だった。もう自分は死ぬのを待つだけの身だから、あとは君に託した」

お客様に訪問を何度お断りされても、それで終わりではありません。

お客様との信頼関係を育てたいと願う気持ちを持ち続ければ、状況は良い方向へ変わることもあります。お客様のお話を聞きながら、私は喜びと同時に、お客様への最良のご提案をする営業の仕事への、これまで以上の使命感を感じていました。

営業⑦

「ごめんなさい」という謝罪が、「ありがとう」という感謝に変わる時

「一度他社に契約を決めた時はごめんなさい。本当にあなたが営業担当者でよかった。諦めないでいてくれてありがとう」

このお客様との出会いは、私が入社2年目を迎えた頃になります。当時の担当エリアには、300坪ほどの敷地に、空き家が放置されているかのような状況の対象地がありました。気になって毎週その場所を訪問するも、いつも人影は見当たりません。それとなく近隣の方々へ聞いてみても、誰も所有者の居場所はわからない状態でした。

少し調べてみると、所有者の住所は、登記上では確かにその場所とされています。人の住む気配を感じない家だけれど、所有者の方が暮らしている可能性があるかもしれない。そう判断した私は、ある日いつもの訪問とは時間帯を変えて、夕方にそこへ足を運んでみました。

すると、門扉のポストに、夕刊が届いていることに気づきました。やはり、この家は空

き家ではなかったのです。住人の誰かが夕刊を取りに来られるだろうと考え、そのまま家の付近で待っていると、所有者らしき方が現れました。その際に、お声がけをしたのがきっかけで面談が叶いました。

お客様いわく「ちょうど敷地の有効活用と節税対策について考えはじめたところだった」とのことで、タイミングよくご提案の機会をいただくことができたのです。

面談での話しぶりから、お客様は建築についての知識はあまりなく、性格もとても慎重な方だと見受けられました。そこで私は上司と相談しながら、常にお客様の疑問や要望についてスピード感を持って対応し、お客様のお悩みや不安に思われていることの解決を行いつつ、お客様に寄り添うことで信頼関係を築いていきました。

ところが初面談から4年が経った頃、当社以外の競合先の他社が現れ、お客様と私との関係には変化が生じます。他社は独自に敷地測量を行って敷地を見直し、当社の提案よりも敷地面積が大幅に増えた提案を持ち込んだのです。

それが原因で、建物全体の収益性と建物内部のデザインにおいて当社が劣勢に回り、お客様の税理士の判断も付随し、お客様の他社との契約が決定しました。その時点で、当社は一度負けてしまいました。

しかし、私は他社との契約が決定してからも、定期的な訪問を継続しました。とくに理由はありませんが、それまでの関係構築のなかで、「お客様は絶対に途中で当社に戻ってくる」と信じていたからです。

およそ半年が経った頃、「契約をした会社から、当初の契約の工事費より大幅な追加金額を言われている。契約を解約したい」と、お客様よりご相談を持ちかけられました。

私はこの機会を逃さず、測量図を預かり、それも踏まえたうえでもう一度当社で建築プランを作り直しました。さらに提案を続けた結果、2021年に当社へご発注をいただけたのです。当社とご契約いただいてからは、建築計画は何事もなく進行しました。

何度目かの打合せを重ねていた時でしょうか。ふいにお客様が私に向き合い、他社に気持ちを移したことを謝られました。

お客様から同時に言っていただいた謝罪「ごめんなさい」と感謝の言葉「ありがとう」は、一度は揺らいだ、信頼関係の復活を物語るようで、ことさら印象に残っています。

設計①

親子のように接していただき、お引き渡し後も関係が続く

これは私が初めて、企画から実施、監理まで設計を担当させていただいた案件でのお話です。お客様は、既存の3階建てのご自宅を、5階建ての共同住宅＋オーナー2世帯（親世帯・子世帯）の居宅付きのマンションへの建て替えを希望されていました。

企画がスタートして1回目の施主打合せに同行させていただき、私は複数案のボリューム検討と、ご自宅の間取りのご説明をしました。その際にお客様は、提案力とわかりやすさを喜んでくださり、私への好印象を持たれたそうです。第一印象の良さが次の打合せへの期待に変わり、その後の契約につながったと、後日お客様より伺いました。

ご契約後には、親世帯・子世帯との打合せが並行して始まり、それぞれのご家族の世帯人数・ペット・ライフステージ・ライフスタイルのヒアリングを行いました。

営業

設計

工事

皆様をよく理解したうえで、ご要望を叶えるのはもちろんのこと、設計担当者はそれを上回る提案を求められます。けれども、自分にとっては初めての実施設計でもあり、経験と実力の不足は否めませんでした。

私は自分の未熟さを補うために、資料作成に工夫を凝らしました。3D資料を使って、建物の外観や構造、仕上がりなどを、わかりやすくお伝えできるよう心がけ、何度も打合せを重ねていったのです。

お客様は、ざっくばらんにお考えやご要望をお話しされる方々で、度重なる打ち合わせのなかで、互いに相手を知り、理解を深められたと感じます。子世帯（娘様）と私が同世代ということもあり、打ち合わせが進むにつれて、私のことも娘のようにかわいがってくださるようになりました。皆様との温かい交流のもと、マンション計画は進行し、晴れて竣工の日を迎えました。

お引き渡し後しばらく経ってから、娘様より私あてに、写真付きの手書きの報告書が届きました。その報告書を読みすすめるうちに、私の胸は熱くなりました。

玄関横のニッチの使われ方や、お子様の初めての個室への感想、PC作業の際のコンセントの位置、ゴミ箱スペースがぴったりであること……。小さな部分が大半ですが、私にとってもとても大切な設計ポイントで、それらが報告書には克明に記されていたのです。

お客様も悩まれて決断された部分でもあり、結果的にやってよかったと感じていただけているのが、文面からも十分に伝わってきました。

それればかりか、娘様は、初めての実施設計で不安でいっぱいだった私の仕事に対して、感動と尊敬の言葉を添えてくださっていました。

手作りの報告書を読み終え、私はこの仕事の楽しさとやりがいを噛みしめていました。

お引き渡し後約4年になりますが、お客様ご家族とは、現在でもお電話や年賀状・暑中見舞いなどで、変わらずに仲良くさせていただいております。もっとも、この関係の大前提には、営業担当の方とお客様との良好な関係性が土台にあります。

お客様方との和やかな交流が、皆様のおかげで成り立っていることを、私は感謝とともに毎年実感しています。

設計②

「あなたがそう言うのなら、やってみましょう」──お客様の信頼が言葉に

はたして自分は、高松建設のブランドを維持し、顧客満足度を上げることができるのだろうか。

2020年10月。当社に転職後、初めての設計監理業務にあたった私は、緊張感のなかで業務を行っていました。

お客様は、ガスを主に取り扱う設備工事会社で、各支店や自社工場を集約し、新しい地で新社屋・工場を建てるプロジェクトを予定されていました。私はその設計担当をさせていただくことになりました。

自分自身も新しい職場環境にいるなか、その計画で初めての設計監理を任され、私にとっては二重の意味での挑戦といえる仕事でした。

打ち合わせが始まると、社長の他に技術系の役員の方数名と、プロジェクトを進めていくことになりました。

このお客様は建築設備工事も生業とされており、建築にも詳しい知識をお持ちです。私は打合せの際には、技術系の役員の方々に配慮した技術的資料の作成に注力し、社長にも理解や納得をしていただけるように、丁寧に業務を進めていくよう心がけました。

次第に、社長からもご意見をいただけるようになり、「〇〇なこと考えててな。ちょっとデザインしてくれへん？」などと、コミュニケーションがとれるようになりました。また、こちらからも、「こんな新しい建材がありますよ、使ってみませんか？」と、積極的に提案をするようにもしました。

双方向でのやり取りを繰り返していくうちに、「あなたがそう言うのなら、やってみましょう」と、私の意見を聞き入れてくださるようにもなりました。私はお客様のこの発言に、信頼関係が深まってきたことを感じ取っていました。

しかし、設計・工事期間中には、こちらで予見できなかった事象がいくつか出てきます。

トラブルが起きて、お客様にご迷惑、ご心配をおかけしたこともありました。ですが、お客様へ事情を説明して迅速な対応で解決を図り、無事にお引き渡しを迎えることができました。

お引き渡しの日、私の胸中には完成した喜びもありましたが、それを上回る不安がありました。お客様は高松建設の仕事に、ご満足されたのだろうか？　私の自己満足になってはいないか？　といった感情が渦巻いていたのです。

けれども、私の不安は、杞憂に終わりました。引き渡しが終わると、社長がわざわざ私の方へ近寄られ、「良い建物を建ててくれてありがとう」と、笑顔でお礼の言葉をかけてくださったのです。

短い言葉でしたが、私はそれを耳にした時、プロジェクト発足より今日まで、お客様の立場に立って行動したことに間違いなかった、と確信しました。高松建設の一員として、最後まで業務を遂行できたことが、今後の自信につながりました。

工事①

インターホン越しの会釈に、「この人の話を聞こうと思った」

どうして自分が、営業部へ配属になったのだろう。

今から約12年前、現場数が少なくなり社内で人事異動を進めていた時期に、私は工事部から営業部に配属先が変わりました。

営業という仕事が嫌で、あえて技術系の道を選んできた自分には、不本意な配属に戸惑いしかありませんでした。それでも、配属されて間もない頃は、工事部から来たばかりだし、すぐには成果も期待されないだろう、と焦ってはいなかったのです。

けれども、1年近く成果もなく、手ごたえのない日々が過ぎるうちに、気持ちが沈んでいきました。そして、あのまま工事部にいては、知ることがなかったであろう、営業部の大変さを体感していたのです。

かといって、私自身の営業の仕事への理解は深まっても、それがすぐに成果に結びつくわけではありません。私は担当エリアで当面の営業先に定めた、入居者がまばらな文化住宅を所有されている、地主様への訪問を継続していました。

しかし、何度足を運んでも、いつも留守のようで、インターホンを押しても反応はなく、収穫のない日々が続きました。直接会えないのであれば、違う方法を試そうと、私は短文のコメントを書いたハガキや、内覧会の案内チラシなどを、定期的にポストへ投函していました。

間接的な交流を始めてから、3カ月ほどが過ぎた頃でしょうか。

ある日、インターホンを押すとご主人が出てこられ、「話を聞こう」と、私を玄関に通してくださいました。そして、今まで投函していた当社の内覧会の案内チラシを、数枚持ってこられたのです。

「実は自分で、チラシの物件の外観を見てきて良いなと思っていた。それから気になっている」

ご主人は、自分から当社物件の外観をご覧になった感想を口にされ、話の流れで、それらの物件を私が案内させていただくことになりました。このやり取りで、ずっと沈んでいた私の気持ちが、救われたのを記憶しています。

そこからの進展は、早いものでした。

案内から1カ月ほど経過したある日、ご主人は世間話の最中に、「君も仕事の成果を上げな、あかんからな」とおっしゃって、書類を取り出されたのです。今日はこれを渡そうと思っていた、と呟きながら差し出されたのは、サインを済ませた工事の発注書でした。

ご案内からわずか1カ月という、思ってもいなかった早い段階でご契約の書類をいただき、私は驚きのあまり、言葉がしばらく出ませんでした。放心したかのように、発注書をただ見つめていました。

数カ月後、近くの現場で内覧会がありご案内していると、ご主人から、打ち明け話を聞かされました。

私が当初にお客様宅を訪問してお留守と思っていた時期、実はご主人は、インターホン越しに黙って私の様子をご覧になられていた、というのです。立ち去り際に、いつもインターホンに会釈して帰る私をご覧になって、「この人の話を聞こうと思った」と教えてくださいました。

そのお話をお聞きしながら、自分の行いは誰かが見てくれているのだ、と感動したことを覚えています。

工事②

素直に、謙虚に、感謝を忘れずに

「素直に、謙虚に、感謝を忘れずに」

これは社会人として、私が大切にしている心のありかたであり、初めて所長を務めた工事で、お客様から学んだ教えでもあります。

2018年の7月、私はある個人住宅で、新築工事の現場所長を務めることになりました。

初めてお客様にお会いしたのは地鎮祭の時でした。お客様から見た私の第一印象は、おそらく良いものではなかったでしょう。

(こんな若い人に任せて大丈夫なのだろうか?)とでも言いたげな雰囲気が、最初に私がご挨拶をした直後のお客様の表情から読み取れました。

お客様が感じられたこちらへの不安を少しでも解消したい。

私は思案の末、お客様のご自宅が現場の隣だったこともあり、内装工事が始まってからは、毎日朝と夕方に現場訪問していただくことにしました。

お客様との語らいは、工事の進捗の説明にとどまらず、時には雑談などにもおよびました。また、現場で各部分の下地から仕上げ完成までの工程をご覧になるなかで、工事完成度の高さをご理解いただき、信頼関係が育まれました。

お引き渡しの際には、とてもご満足いただき、「髙松さんに任せてよかったです。度重なる変更や追加工事もありましたが、その都度迅速な対応とより良い提案等を聞けました。工事の進捗に伴って、私たちに対応くださりありがとうございました」と、感謝のお言葉をいただけるまでになりました。

他にもお客様は、「現場監督として良いことも悪いことも素直に報告や相談をしてくれたことが一番よかった」と、言い添えられました。

現在もお客様とは、毎年の年賀はがきでのやり取りや、出産など私個人のプライベートな報告などもさせていただき、良好な関係を継続しています。

工事の仕事をしていると、やはり最後の引き渡し時にお客様よりかけられる、「ありがとう」の一言で、現場稼働中の悩みや苦労は、すべて吹き飛んでしまいます。

この一言は私たちのやる気をうながし、次のお客様へつなげてくれる一言だなと、本件でもつくづく感じました。そして、自分の信条である、「素直に、謙虚に、感謝を忘れずに」をご存じないお客様が、私の仕事ぶりを「素直」と評されたことにも、私は大変感動を覚えました。

工事③

1年目に仕事でご一緒した左官屋さんと、10年後の再会

「○○さん久しぶり！　元気にしてた？」

きっと自分のことなど忘れているだろう、と思っていたのに、私の存在に気づいた左官屋さんは、向こうから声をかけてくださいました。

入社1年目の時にお付き合いのあった左官屋さんと、久しぶりに仕事を一緒にした時のエピソードです。

当時は本当に、右も左もわからないという状況でした。所長から与えられた仕事とともに、各業者さんと話をしては、「皆さんが困っていることはないか、自分にできることは何か」と、仕事へのヒントを探り、新人なりに働きかけていました。

自分も所長の立場となった今、改めてあの頃を振り返ってみると、よくそんなに若手社員が自由にさせてもらえていたなと感心するくらい、上司や周りの方々に恵まれた現場に

おりました。

新入社員であることに最大限甘えながら、大らかで時に厳しい、業者の方々の指導を受ける毎日でした。なかでもその左官屋さんには、ほぼ現場が終わる最後まで一緒に働いていたので、とくによく教えていただきました。

左官という仕事は、躯体、内装、外装と多岐にわたります。そのため、この方たちの動きを確認していくことで、私は仕事の流れについて、より具体的に学ぶことができたと思います。

ところで、工事のように定められた工期のある仕事には、必ず終わりがやってきます。それは、数多くの学びを得た現場も例外ではなく、建物の竣工に伴い、それぞれが別の現場へ移動します。

私も同様に、新たな現場で数々の工事経験を重ね、所長も経験しました。しばらく別の部署で働いた時期を経て、私は再び工事部に戻ります。

工事部に復帰した私は、別の所長が担当されていた現場を、引き継ぐことになりました。そして、その現場で約10年ぶりに、新人時代に目をかけていただいた左官屋さんと、一緒にお仕事をする機会が訪れたのです。

正直、先方はあまりこちらを覚えていないのではと思いつつ、初回の打ち合わせに参加しました。ところが、あちらから声をかけていただいたのです。

私は懐かしさとともに、「昔とは違う成長した自分の姿を見せないといけないな」と感じ、身が引き締まる思いでした。

配属された現場は規模が大きく、なかなか動かしていくのも大変だなというのが最初の印象でした。始まってみると、やはり細かい部分での作業間の調整や、作業するための準備などに時間を要します。

途中からの参加とはいえ、自分が所長としてかかわるからには、業者さんたちが仕事をしやすいように最大限の力を発揮したい。そんな気持ちで仕事に取り組みました。

営業

設計

工事

もう少しで現場も終わりを迎えようとした頃、左官屋さんが「途中参加だったけど、来てくれたから本当に仕事がやりやすかったよ。ありがとう！」と、言ってくださいました。この言葉を聞いて、嬉しさが溢れたのを覚えています。同時に、あの時教えていただいた恩返しが、少しでもできたのかな、とも思いました。

工事ごとに巡りくる、そんなご縁を大事にしながら、私はお客様にとっても、作業員の方たちにとっても、良い現場をつくっていきたいです。

CHAPTER 2

リレーションシップ

営業社員
インタビューB

営業未経験だったからこそ、人とのつながりを丁寧に大切にしてきた

DATA

入社	2019年
物件情報	印刷会社の第2工場他
その他	中途入社、阪神大震災で被災

「下手だけど、一生懸命やってくれているのが伝わってきたよ」

「下手だけど、一生懸命やってくれているのが伝わってきたよ」

先輩社員が担当していた会社の地鎮祭に、カメラマンとして参加していた私に、お客様が初めてかけてくださった言葉です。

当時は入社3カ月目で、まだ専門用語もわかっていませんでした。それでも、自分にできることを最大限にやろうと、与えられた仕事に精一杯取り組みました。

裏方の手伝いにすぎない私にまでお客様は目を配られていたのかと、お声がけをいただいて驚きました。

感激したと同時に、自分のような末端の者であっても、髙松建設の一員としてその動向を注視される立場にあることを痛感しました。自分イコール髙松建設という意識でやっていかなければいけないと、この口、心に強く刻んだのです。

それからしばらく経ち、先輩社員の退職に伴い、私はこの会社の新しい担当者となります。「君なら自分ごととして、ウチのことを見てくれそうだね」と、再会した際におっしゃっていただき、お客様とのやり取りがスタートしました。

入社直後よりは仕事に慣れたとはいえ、この頃は髙松建設の営業担当者として、どのようにお客様と関係を築いていくべきかに悩んでいました。ですから、「自分ごととして考える」という視点は、私にとって非常に大きな気づきとなりました。

お客様からの「宿題」を通して「自分ごと」を考える

その後、定期的に訪問するたびに、私はお客様から事業計画に関連した、小さな「宿題」をいただくようになります。

当時は鋼材価格が高騰し始めた時期でもあり、各紙には建設資材の価格上昇にまつわる記事が並んでいました。

それらの記事をご覧になられたお客様が、「髙松さんやったら、鋼材を仕入れた時に仕入れ値をどう価格に反映させるの？」というふうに、質問を投げかけられるのです。

お客様はおそらく同じ質問を、競合他社の営業担当者にも尋ねられていたと思います。

各社の担当者が質問に答えるスピードや情報の中身を比較し、どこの会社が最も誠実に対応してくれるかを見定めようとする気持ちもあったのではないでしょうか。

「お客様がわざわざ質問される本当の意図は何だろう？　髙松建設として、営業として、どんな答えを持っていけば喜んでいただけるのだろう？」

質問の先にある答えを求めながら、私はその都度作成した資料を持参し、お客様との対話を重ねました。

やがて訪問を続けるうちにお客様からは、さりげなく社内の様子を教えていただけるようになりました。その助けもあって私は、お客様の会社で誰が何をお考えなのか、当社がどのように提案をすればスムーズに計画を進められるのかを俯瞰して見られるようになりました。

また、お客様から他社で施工された工場の不具合に悩まれているとお聞きして、当社が設計部・工事部と情報共有して、トラブルの原因を突き止めたのもその頃です。

これら一つひとつの取り組みが、髙松建設への高評価につながり、お客様との絆を深めてくれたのかもしれません。

「自分たちのことを一番に考えてくれるのは、あなたたちだから。たとえ組織体制が変わっても、髙松さんのチームとは何十年も付き合える」と、信頼を寄せていただけるようになったのです。

以来、社内で建築計画が持ちあがると、役員会で議題にあがる前にご相談をもちかけられるようになり、2022年には新規の案件をご契約いただく運びとなりました。

営業経験の浅かった当時の私に、「自分ごととして考える」ことを通して、信頼関係を構築するチャンスをくださったお客様には、感謝の気持ちでいっぱいです。

自ら考えて行動を起こすのが営業社員の仕事

入社5年目を迎え、「自分ごととして考える」とは、お客様の立場になって真摯に物事に向き合うとともに、自ら考えてアクションを起こすことだと身にしみて感じています。

営業部は、各部署との調整をしながら、お客様の将来を見据えた事業継続・拡大のために、より適切な問題解決や提案を進め、舵取りをしていく部署になります。そこで先頭に立ち、船の船頭をするような形で、社内外の方々を導くのが私たちの役目なのです。

誰かの働きかけを待っていては、何も始まりません。自分から動いて発信するからこそ、他の方を巻き込んで良い方向へ計画を進めていける。「こうしたらうまくいくのではないか」と声を上げ、自分が率先してプロジェクトを方向づけていく。それが、私たち営業社員の務めだと思っています。

とはいうものの、私自身、建設業界での経験が浅いので、専門知識については他の方々のお力を借りなければ、未だにお客様へは到底ご説明しきれません。皆さんにご協力いただかないことには、計画を成功へは導けないのです。

周囲の方々との確かな、「リレーションシップ」があるからこそ、良い仕事ができることを、私はこの5年間で身をもって学びました。

営業
設計
工事

「リレーションシップ」は感謝の積み重ね

「リレーションシップ」については、自分でもまだ模索しているのが正直なところです。対外的なところで言えば、雑談のなかでの質問も含め、お客様が困られた時に、すぐに連絡をしていただける存在になることが第一段階でしょうか。

そこから、お客様との対話にもとづくアプローチを続けるなかで、会社対会社を超えた、人と人との信頼関係で結ばれたお付き合いを広げていけたらと願っています。

もっとも、お客様との関係構築以上に、私は社内での人間関係づくりを非常に大事だと考えています。というのは、社内で良好な「リレーションシップ」が築けていなければ、お客様に寄り添い、最適なご提案を行うのは不可能だからです。

入社間もない頃から私は、「わからないので教えてください」「困っています」と、各部署の方々に正直に自分の現状を伝えてきました。それと同時に、こちらの度重なる修正依頼を快く引き受けてくださる方々へ、お客様からのフィードバックをお伝えすることを徹底しました。

そうするうちに、こちらが尋ねる前に、他部署の方から助言をいただく機会も増え、今では何か困ると、「あの部署の○○さんに相談をさせてもらおう」と、すぐに顔が浮かぶようになりました。

現在では、お客様からの反応をもとに、内容をブラッシュアップさせていくサイクルが社内に定着しています。

各部署が連携して知恵を出し合い、差し出されたアドバイスを受け取り、その助言をもとに、さらに良いものをつくる。このサイクルを社内で回していくのが、結局のところ、お客様への最良のご提案につながると、私は確信しています。

そして、それを実行する時に忘れてはならないのが、こちらの投げかけた仕事に取り組んでくださる、社内の方々への感謝の気持ちです。

「ありがとうございます」の積み重ねが、人間関係づくりの土台となっています。

営業
設計
工事

未経験から飛び込んだ営業の世界

自分も新しく何かに挑戦したい。

自分の子どもが小さい頃に日々成長する姿を見て、そう感じたのが髙松建設に入社した理由です。前職の金融機関では、約10年間融資の仕事に携わっており、より積極的に人とかかわれる営業職を志すようになりました。

もともと私は関西出身で、阪神大震災の時に被災し、自宅が全壊しました。小さいながらも、甚大な被害であったことは子供心に覚えています。

建物は「生命・財産を守るもの」といえますが、建設会社がそれを実際に請けるのは、現実では極めて難しいはず。実体験からも、そんなふうに思い込んでいました。

けれども、転職活動中に、髙松建設は阪神大震災で一棟も建物が倒壊・半壊していない、強固な建物をつくる建設会社であると知ります。隠れた箇所もしっかりと施工する会社なら間違いないと判断して、入社を決めました。

入社をしてみると、中途入社の社員を受け入れる土壌のあるこの会社では、前職でどんな業界にいようと、本人の職歴にかかわらず、平等にチャンスを与えられます。まだ道半ばではありますが、自分から行動を起こして結果を出していく営業の仕事に、私は醍醐味を感じています。

さらには、私たち営業が売っているものは提案であり、いわば形のないものです。実際に建てるまでは、どんな建物ができあがるのかまったく想像がつきません。ところが、完成すると数百坪、数千坪の敷地には、堂々たる大きな建物が現れます。しかも、その建物はすぐになくなるものではなく、おそらく自分がかかわっている方々が生きている間、永続的に存在し続けるのです。

形のない商品を扱う営業職では、ともすれば仕事の成果を具体的に把握しにくい場合もあります。ですが、建設会社においてはその限りではなく、自分の手がけた仕事そのものを、建物を通して確かめられるのです。私はその点にも、すごく魅力を感じています。

営業⑧

契約の条件は、「ログハウスを解体処分せずに再利用すること」

「あれがお客様のログハウス!」

高原の雄大な自然を背景に、お客様のログハウスは、堂々とした存在感を放っています。その威風を写真に収めながら、私はこの感動を、少しでも早くお客様にお伝えしたい気持ちに駆られていました。

都市部に近い、住宅地の中心部にある約300坪の敷地を生かし、お客様は長年ガーデンウェディングの会社を経営されていました。ご自身がカナダへ出向き、仕入れたレッドシダーで造られたログハウスでは、毎月何組ものウェディングが開催されていたそうです。しかし、近年では年間数組までに予約が減少し、2018年に閉店されました。

ブライダル事業を廃業されたお客様のもとには、建設会社や分譲デベロッパーが毎日のように訪れ、土地活用・売却の話を勧めてくるようになったといいます。けれども、お客様は「生まれ育った土地の売却は考えていない。思い入れのあるログハウスも壊したくない」と、提案されるプランのすべてを断っていました。

他社の動きと並行して、私も2年あまり、お客様への定期的な訪問を繰り返していました。その間、お客様の気持ちを尊重しつつも、現状維持を続けると、固定資産税の支払いなどの負担がかさむ危険性を訴えました。同時に私からも土地活用のご提案を行い、最終的には敷地全体でのマンション建設にご理解をいただきます。

ただし、お客様は提案を受け入れても良いがそれには条件があるとおっしゃり、この時点ではどの会社に発注するかも確定していませんでした。

お客様が各社へ告げられた契約の条件は、「ログハウスを解体処分せずに再利用する」というものでした。

この段階で残っていた建設会社は、当社と、お客様が税理士に紹介されたハウスメーカーの2社。ハウスメーカーのほうでは、ログハウスを自社でお客様用の別荘として使いたいと売り込んでおり、使い道がはっきりしています。

そこで私は、社内のメンバーにも協力してもらい、皆で手分けをしてログハウスを使ってくださる方を探すことにしました。そんななか、長野県の高原でログハウスを数棟所有される方から連絡が入ります。それは、「地域のシンボルとなる建物として、ぜひとも譲ってほしい」という申し出でした。

早速この話をお伝えすると、お客様も前向きに進めてほしいとご快諾いただきました。ログハウスの有効活用が決め手となり、当社との契約が決定しました。契約が成立してからは、神戸から長野県の高原まで、ログハウスを運び、移築するための準備に取りかかりました。

ログハウスの解体・移築には、専門の職人が作業を行う必要があります。解体当日には、長野県から3名の職人さんが来られ、ログハウスを解体して2台のトレーラーに積み込み、神戸から長野県まで運ばれました。

搬送先で無事に移築を終えたと連絡を受けたのち、私はお客様とマンション建設計画に向けて、打ち合わせを重ねていきます。

計画はスムーズに進み、ログハウス解体後の敷地には、立派な居宅付賃貸マンションが建ちました。お客様には「マンションを建設して良かった」と大変喜んでいただき、その後もお付き合いが続いています。

ただ、ひとつだけ、気がかりな点がありました。解体したログハウスを送り出して2年が経過し、お客様も私も、移築されたログハウスのその後が心配になりだしていたのです。ログハウスのことが頭から離れないのであれば、現物を確認してきたほうが良いだろう、と私は高原への訪問を思い立ちます。

しばらくして高原を訪れると、そこにはかつて目にしたログハウスが立派に建っていました。

その場で撮影した写真を確かめると、ありし日と同じ姿が見事に映っています。大自然と調和した、その立派な佇まいに、私はとても感動しました。

ログハウスのその後を、キッチリご確認していただくために、私は関西へ戻ってから、お客様にも、高原で撮った写真をお見せしました。

ログハウスの雄姿をふたりで眺めながら話をしていると、お客様は途中で神妙な顔つきになりました。そして、「本当にありがとう」と呟かれたのです。

お客様の心残りと、私自身のやり残した気持ちを払拭するために向かった高原。私の真っすぐな気持ちがお客様に届き、感謝となって戻ってきました。

営業⑨

「僕たちは、信頼できて頻繁に悩みや相談ができる会社と仕事がしたい」

お客様の応援を受けて臨んだプレゼン。皆で力を出し切った先には、競合他社を逆転しての業者決定が待っていました。

ある法人の本社社屋の建て替え案件でのエピソードです。最初に銀行からお話をいただいた段階では、その法人の社長は1000坪ほどの土地を購入し、そこに新社屋を建設することを検討されていると伺っていました。

銀行の仲介により、施主となられる社長と初面談を行い、私はその件について詳しくヒアリングをさせていただきました。すると、銀行側の情報だけでは知りえなかった問題点が、いくつか浮き彫りになったのです。それは大きく分けると3つのものでした。

・購入予定の土地に、ご希望の大きさの新社屋を建設すると確実に予算オーバーになる

・現社屋の所在地の立地条件を気に入られているが、同じエリア内で新社屋を建設可能な、1000坪の土地はなかなか出てこないと思われる

・社長室を一般社員が使用するはど現社屋が手狭になっており、早急な対策が望まれる
このままでは土地が見つかる可能性が低く、仮に見つかったとしても予算を超過するため、実質的には建て替えは不可能です。

さまざまな事柄を検討した結果、新たに土地を購入せずに、現社屋用地での敷地内建て替えを行う事業提案をお勧めしました。社長にも提案の趣旨にご賛同いただき、各担当者を交えての、本格的なプラン検討に入ります。

お洒落な建物の外観、カフェのような内装空間、多くの車を停められる広々とした駐車スペースなど、社長は新社屋建設に向けて、さまざまなご要望をお持ちでした。

それらを踏まえたうえで、社長と何度も打ち合わせを行いましたが、当社の理解度が乏しく、なかなかご納得いただけるプランとなりません。この時点では、当社よりも競合他社のほうが、お客様にご満足いただけるプランを提案できている状況でした。

そんななか、先方の社長より私のもとに1本の電話が入ります。その電話からは、適切なプランを未だに提出できない私を、励まそうという気持ちが伝わってきました。

「正直、髙松建設より他社のほうがプラン的に良い。ただ僕たちは、信頼できて頻繁に悩みや相談ができる会社と仕事がしたい。僕たちは髙松建設と一緒に、本社社屋を建設した

い」と考えている。高松さん頑張ってください」

社長は激励のメッセージとともに、他社のプランのどのような部分が優れているか、ヒントなども教えてくださいました。

この応援に勇気づけられ、私は設計部・営業部の担当者と、プレゼンに向けて何度も会議を開きました。社長の要望と、当社の提案を組み込んだ変更プランを作成し、プレゼンに備えて練習を繰り返したのです。

そして、迎えたプレゼン当日、設計部・営業部の皆と一緒に、できる限りのプレゼンを行いました。プレゼン終了後には、社長の他に、取締役や部長からも称賛されました。

「感動した。途中他社が要望に近いプランを持ってきて心配したが、最終的にここまで当社の要望を取り入れた提案をしてくれてありがとう」と、社長には言っていただきました。

これをもって、当社の業者決定が確定となり、その後契約が成立しました。

本件は打ち合わせのなかで、当社の熱意や提案、「お役立ち」を重ねることで、社長や社内の皆様との信頼関係が強固になりました。互いの間に、信頼が築かれていたからこそ、ご契約いただけたと考えています。信頼関係に勝るものはありません。今後も、お客様のことを第一に考え、ご満足いただけるよう、日々精進してまいります。

営業⑩

継続訪問がチャンスを呼び込む

訪問を繰り返しても断られるばかりで、まったくお客様と面談ができない。営業担当者であれば誰もが同じ状況を、一度は経験しているのではないでしょうか。無駄に終わったように感じる訪問に、どのような意味があるのか。それを決めるのは、私たちではなく、お客様なのかもしれません。

都内担当エリアの大通り沿いにある、築50年の建物を有する対象地は、立地条件に優れていました。土地活用を提案するには絶好の物件でもあり、私はその土地を所有する資産管理法人への飛び込み営業を繰り返していました。

訪問時間の変更や、休日の訪問、社長宅への訪問などを含めた営業活動を1年間積み重ねた結果、担当役員の方までは面談できるようになりました。ところが、社長との面談まではいくら手を尽くしても、まったく進みません。

自分の力の限界を感じた私は、上司に相談しました。そのうえで、外部の助けを借りてはどうだろうかと考え、金融機関へ仲介の打診を依頼してみました。

金融機関の担当者は、こちらの依頼を承諾してくれました。また、法人に1年間継続した訪問の実績も認められ、それから間もなくして社長への面談が叶ったのです。どれだけ訪問を続けても、面談不可能だった過去の経緯がなかったかのように、初顔合わせの席で社長は、「ぜひ、提案を聞きたい」と、前向きな発言をされました。その日、提案の機会を手にした私は、帰りぎわに社長から、建物に向けた要望や建て替えへの悲願のお気持ちが綴られた資料を渡されます。

いただいた資料を会社に戻って読み込むと、新しく建てるビルに対するお客様の強い想いが、文章の端々から伝わってきました。社長をはじめとした皆様が、何をお望みであるかを理解できた私は、最善の提案をするべく準備に取りかかります。

1フロア最大専有面積となる9階建てプランが、この土地での有効活用には最適だろう。

資料を手がかりに上司と相談して結論づけました。そして、設計部に最大限の協力をあおぎながら、ご要望に応えた建築プランを作成してもらいました。

そして、当社社屋内にあるショールーム「ドリームプラザ・夢工房」にて、作成したプランによるプレゼンを行った結果、お客様に大変満足していただけたのです。

他にも、プレゼン後に社員の皆様を当社の施工中の現場へご案内し、実際の工事現場をお見せすることで、当社の技術力や品質へのこだわりを体感していただきました。

本件は先行していた他社との競合になりましたが、他社は建物へのこだわりが薄く、お客様が満足のいくプランを提案するには至りませんでした。対する当社は、お客様の建物へ寄せられるご要望やお気持ちに沿ったうえで、有効活用を提案しました。さらに当社からは、建物以外のご提案も追加しています。

当初、お客様はテナントの定期借家契約の最終期限に合わせ、2年後に建物を建築予定でした。そこで、現在建物に入居中の2戸のテナントに、早期立ち退き交渉した場合の収益と損失額を比較し、建築の前倒しによるメリットを提示したのです。多方面への配慮が心に響いたのか、お客様は当社の提案にご理解を示され、ご契約いただきました。

営業
設計
工事

契約後に設けられた会食の場で、社長は私に話しかけられました。

「自分は人見知りだから飛び込みの営業とは絶対に話さなかったが、ずっとあなたが訪問していたのは知っていた。その経緯がなく、いきなり銀行から紹介されたら話を聞かなかった。あなたが1年以上続けて訪問を続けてくれたうえ、銀行を通じてまで当社と仕事をしたいなら、1回だけ話を聞こうと思ったんだ」

私はこの言葉をお聞きして、安易に銀行へ持ち込まずに訪問を続けて良かったと、つくづく実感しました。

断られ続けた自分の訪問は、決して無駄ではなかった。あの訪問は、お客様がこちらへの信頼を育むために必要な時間であり、意味のあるものだったのです。

お客様への訪問をするなかでは、話が進捗しないこともありますが、それでも継続して訪問を行えば、話が急展開するチャンスがやってくることもあります。

機会が巡ってきた時には、最大限の提案を行う。そうすれば、お客様にはご満足いただけ、自分では努力が報われたと感じられ、さらには達成感も得られるでしょう。

地道な継続訪問は、お客様と私たちの信頼関係へとつなげる、きっかけにもなるのです。

営業⑪

歴代担当社員の真摯な取り組みで培われた、私たちへの厚い信頼

「昔からそうだった。髙松建設の提案は本当によく考えられている……」

社長の話される口調に、熱がこもっていきます。私は称賛を受けながら、当社の社員であることに、誇りと感動を覚えていました。

「髙松建設」のブランド力を目の当たりにしたのは、私が初めて受注した時です。営業での結果を出せずにいた私は、ある時担当エリアの不動産会社の社長から、案件をご紹介いただくことになりました。

社長は私の入社前にも、当社へ別の案件を紹介してくださっており、その時は契約までは至らず、進展がないまま終わった経緯がありました。当社に対して好意的な方で、新しく担当となった私に、話を持ちかけられたのです。

私を見込んでご紹介いただくからには、先方の期待を上回る提案をしよう。

今回の提案を進めるにあたって、上司や先輩から教わってきたマーケットリサーチを徹底的に行うことを重視しました。そして、そのデータをもとに建築プランと事業収支表を作成して、お客様へお見せしたのです。

提案に対する皆様の反応は、予想以上のものでした。お客様はもちろん、不動産会社の社長からも、お褒めの言葉をいただきます。

「昔からそうだった。髙松建設の提案は本当によく考えられている。家賃や入居率はもちろん、ちゃんと地域特性を考えたうえで計画をしてくれる。前にも違う案件を紹介したことがあったが、その時も良い提案をしてくれた。だから髙松建設に声をかけたんだ」

社長の熱心な話しぶりからは、当社の技術力はもとより、歴代担当社員の真摯な取り組みにより培われた、私たちへの厚い信頼が伝わってきました。

このエリアを担当された方々より受け継いだ、髙松建設の社員として当たり前の行動や提案が、お客様と紹介者の社長へ改めて感動を与え、今回の受注につながりました。

私自身も、先人の方々から受け継がれていく、髙松建設の高いレベルの「当たり前」を実践し、お客様との間で、さらなる感動を得られるように日々精進していきます。

設計③

たとえミスがあっても、正直に誠意をもって対応することの意義

「もし次回があれば、今度は初めから一緒にものづくりをしたいね」

ミスの発覚から始まった関係にもかかわらず、お客様がそこまで私を信頼してくださるようになるとは、当初は想像もしていませんでした。

その案件は、立ち退きや調停の関係上、長期間計画を進めることができていませんでした。その後、課題が解決して、いざ工事に着手するというタイミングで私に設計担当が変わった案件でした。

お客様は、以前ゼネコンで施工管理をされており、一級建築士の資格も所有され、図面については我々と同様に知識をお持ちの方でした。また当社で建築するのが今回で2棟目のお客様で、計画当初より当社には大きな信頼を寄せていただいておりました。そして、

営業　設計　工事

何よりも建築自体が極めてお好きな方で、物件へ強い関心を抱かれていました。

そんなお客様の想いが、ひょっとしたら設計面に過度に反映されたのかもしれません。建設予定地が狭小地なうえに変形敷地であったこともあり、できあがっていた契約図面では、建物の見栄えや納まり、設備ルート等において、施工不可ではないものの、無理のある箇所が数箇所見受けられました。小さなものとはいえ、現段階で修正しなければ、完成後に支障が出るかもしれません。

お客様へどのようにご説明しようか。当然ながらいい加減な対応はできないし、相手は知識のある方でもあります。気になる点については、図面をご覧になればいつかお気づきになるに違いありません。それならば、たとえ細かい部分であっても、正直に現状をお伝えしたうえで、それらの改善案をご提案しようと考えました。

双方が顔を合わせての説明では、お客様のほうで少し難色を示される場面もありました。しかし、その反応にひるまず、より良い建物にしたいという想いを、繰り返しご説明させていただきました。

こちらの気持ちが伝わったのか、途中から提案にも共感していただけるようになり、無理のない形で施工を行うことができました。さらに、竣工時には、建物の設計段階から完成までの間に変化したご自身の気持ちを、私に打ち明けてくださったのです。

「正直、計画の途中で担当者が変わるのは、設計中の経緯などがしっかり引き継がれているか不安だった。ただ、工事中に良いものは良い、悪いものは悪い、と君は正直に話をしてくれたよね。君が、良い建物をつくるための提案を行ってくれたことで、不安はまったくなくなった。もし次回があれば、今度は初めから一緒にものづくりをしたいね」

お客様から真心の伝わるお言葉をかけていただき、私は非常に嬉しく感じました。

実際のところ設計スタートから竣工まで、小さなものも含めミスをまったくしない完璧な設計は、なかなか難しいのではないでしょうか。私は実際にミスに直面して、お客様へ正直に誠意をもって対応すれば、信頼を得ることができるのだと痛感しました。私はこれからも、正直さと誠意をもって業務にあたりたいと思います。

営業
設計
工事

設計④

「街の本屋さん」をマンションの一角に再現――本を介した心の交流

マンションのエントランスの一角にある、小さな図書館。そこには小さいながらも、お客様が慈しまれてきた、本の世界が再現されていました。

長年街の人々に愛されてきた書店を閉店して、賃貸マンション経営を始められたお客様とのお話です。その本屋さんは、「街の本屋さん」として、地域の方々に親しまれていました。お客様は創造性が豊かな方で、店内には本がわかりやすく陳列されているだけではなく、来店した人に、喜んでもらえるような仕掛けがなされていました。

季節に合わせたお花を生けたり、6月のジューンブライドの時期にはドレスを飾ったり、注目の本の特集に合わせて大きな絵を描いたり。お客様は、他の本屋さんにはない大胆な発想で、お店に来る人たちを楽しませていたのです。

しかし、近年のネット書店の台頭による売上への影響と、ご自身がご高齢であることから先行きを危ぶまれ、開店から25周年の節目で、お店の閉店を決断されたのでした。

初回の設計打合せ後に、お客様が経営される喫茶店にてお茶に誘ってくださったことがきっかけで、ご自身の生い立ち、本屋さんの歴史や想いなどを語っていただきました。私はそのお話をお聞きするうちに、お客様の生きがいでもある本屋さんを閉店してしまうことが、とても寂しく思えてきました。そして、いてもたってもいられず、新しく建設するマンションにも何か仕掛けをつくりたい、お客様と一緒に考えたいと、その場でお伝えしたのです。

お客様は私の申し出に、快く賛同してくださいました。本と建築を結びつける手段について議論し、お客様とのお話は盛り上がりました。

その後のご提案では、さまざまな案が出たものの、かつて本屋さんがあった証を残すことを、設計のコンセプトにしました。ファミリー向けのマンションの建設を計画していたこともあり、エントランス部分に小さな図書館をつくろうという話でまとまります。

「どんな本を用意しようか」と、お客様は早くも想像を膨らませ、ワクワクされていました。コンセプトが決まったところで、設計に取りかかります。設計面での工夫としては、エントランスに本を陳列するカウンターと、小さい子どもがその場で座って絵本を読めるように、デザインを統一した低めのベンチを設けました。

また、ベンチには親しみやすく、かつスタイリッシュに見えるよう、水色のモザイクタイルを使用しました。そこに座った時に、縁側の軒下でくつろぐ温もりを感じてもらえるように、天井を木目調のデザインとし、お客様のご意見も聞きながら設計を行いました。さらに、今回はご自宅を解体した跡地にマンションを建設するため、お客様の思い入れのある品も、エントランスに飾ってはどうかというアイデアが出ました。そこで、以前経営されていた飲食店の文字が刻印された鏡を、エントランス内で再利用することにしたのです。マンション内に、小さな図書館をつくる。その実現を目指して、建築計画は着々と進んでいきました。

時は過ぎ、マンションの引き渡し日がやってきました。

お客様は、早速ご自身で用意された本を、口笛でも吹きそうなご様子でエントランスに並べられていました。そして、本の陳列が終わると、私に向かってにっこりと微笑みながら、何度も何度も温かいお言葉をかけてくださったのです。

「髙松建設さんにお願いして、ほんとうに良かった！　ほんとうに素敵なものをつくってくれてありがとう！」

このようなお言葉をいただき、『お客様と一緒に、この空間をつくりあげることができて良かった』と、私の胸には感動がこみ上げました。それとともに、お客様の声を大事に、一緒につくりあげてくれた工事担当の方や職人さん、営業担当の方への感謝の気持ちでいっぱいになりました。

マンション竣工後、私はお客様よりお電話をいただきました。それは、エントランスに設けた小さな図書館の、ご利用状況に関するご報告でした。

その当時はコロナ禍でしたが、入居者の方々は、頻繁にその図書館へ立ち寄られているとのことでした。本をその場で読まれたり、1冊の本が入居者同士のコミュニケーションへとつながったり、家に持ち帰りゆっくり本を楽しまれたり、というふうにご活用されていました。

設計者として貴重な経験を積ませていただいた、この先も一生忘れられない、かけがえのない想い出です。

工事④

台風災害に見る、会社を超えた現場の一体感

ある年の9月初旬のこと。超大型の台風が大阪湾を通過し、南大阪の臨海地域で施工中だった現場に、甚大な被害をもたらしました。足場は最上部で傾き、仮囲いは倒壊。なかでも最大の被害が発生したのは、現場事務所としていた2階建てのプレハブでした。なんと強風によって吹き飛ばされたプレハブが、全壊したのです。さらには隣地の飲食店にまで、二次災害を引き起こしました。

倒壊した事務所のがれきのなかからは、PCや図面、書類が無惨な状態で見つかり、ひとつとして使えるものはありませんでした。

こうなっては工事どころではありません。現場作業は直ちに中断し、復旧作業に追われる日々が1週間以上続きました。

復旧作業には、近隣住民の方々へのお詫びはもとより、社員総出で風に乗って遠くまで飛ばされた書類の回収に、まる2日を費やすような作業も含まれていました。

台風によるダメージは深刻なもので、とても社員の応援だけでは、混乱している現場を片付けることはできません。どうしたものかと私が悩んでいると、現場の協力会社の方々が、何も言わずに協力してくれました。私たちの困っている様子を見かねたのか、自主的に手伝いを申し出てくれたのです。

人手はもちろんのこと、土木工事業者さんからは、「飛ばされた資材の回収に使ってもらえたら」と、ダンプカーが貸し出されました。他にも、周辺建物の割れた窓ガラスの復旧を、率先して実行してくれるガラス業者さん、穴の開いた飲食店の屋根をシートで覆いましょうと、請け負ってくれた塗業者さんなど、続々と支援の手が差し伸べられました。

そんな復旧作業の途中でも、容赦なく雨は降ってきます。穴の開いた屋根から雨水が入らないように、その日は夜にもかかわらず、大急ぎで対応していただきました。

さまざまな業者さんが、こちらからお願いをせずとも一緒になって働きかけてくれる。そんな姿に、会社や職種を超えた、現場の一体感を感じました。

それまでの現場の社員と業者の方々、また監督と職方たちの関係性が良好であったから、ということは言うまでもありません。そのうえで、大きな困難や壁に出くわした時、互いに手助けし合える関係というものは、何ものにも代えがたい財産なのです。

営業
設計
工事

工事⑤

「ひとりでは何もできない」事実を認め、協力を求めて仕事を行うこと

入社後に初めて配属された現場は、施工管理が所長と新入社員の自分だけという、ふたりきりの現場でした。初めての現場で戸惑いもあり、細かい連携も取りづらい状況のなかで忙しく働いていたある日、自分の手配ミスにより、現場で材料が足りなくなる事態が発生します。

（このままでは工期が遅延してしまう……）と頭を抱えていた私を救ってくれたのは、現場で一緒に働いていた職人の方々でした。私の手配ミスをカバーするために、ある方は他の材料を使って対応してくださり、また他の方は、別の組み立て方法などを採用すれば、工期短縮につながることを教えてくださったのです。

職人さんたちの親身な対応は、その時だけではありませんでした。

雨天によりコンクリート打設が間に合わなくなった時には、型枠大工さんや鉄筋屋さんが人員を増やし、打設日に間に合うように協力をしてくださいました。さらに、皆さんが帰られた後に、私がひとりで打設前の準備をしていると、すでに帰られたと思っていた職人さんが、私の目の前に現れたのです。

「30分だけ手伝うよ」と言いながら、この方は結局最後まで、一緒に準備を手伝ってくださいました。

現場監督という仕事は、現場では司令塔のような役割ですが、実際には自分ひとりでは何ひとつできません。新人時代を振り返ってみても、いま自分がこの仕事をできているのは、たくさんの業種の方々のおかげだと実感します。

未だに孤独感を感じる場面も多いですが、「ひとりでは何もできない」事実を認め、協力を求めつつ仕事を行うことで、肩の力がほんの少し軽くなると思います。

自分の非力を認める。それは、他者の助けと協力を素直に受け入れる姿勢に通じ、さらに効率よく仕事を進めることにもつながると感じています。

工事⑥

現場で気づかされた、仕事や人生に対する問い

解体工事には騒音・振動は無論のこと、近隣の方々にとっては懸念材料が満載です。埃の問題や、さらにアスベストなどがあった場合は「適正に処理されているのか?」と、疑いの目で見られることも少なくありません。まさに、四面楚歌のような状態で工事は進んでいくのです。

このように書いてしまうと解体工事をとても後ろ向きな仕事であるかのようにとらえられるかもしれません。でも実はそうでもなく、この四面楚歌の状況からどう脱するか、いかに近隣の皆様との友好関係を築くかに目を向けると、意外にも楽しみがあるのです。

私のこれまでの業務を振り返ると、とあるマンション建築計画の既存建物解体現場の、お隣の方との関係構築がそれに該当するでしょうか。

80代前半と見られるこの方は、木工所を営まれており、とても気難しく、口調もぶっきらぼうで、私の一番苦手なタイプの方でした。

解体初日にお叱りをいただいたのを皮切りに、ことあるごとに苦情が入り、その都度対応をしていました。とはいえ、まったく音を出さずに作業することは不可能です。ですので、毎朝作業が始まる前には、「今日はこういう作業を予定しており、この時間帯は騒音が出ます」と、木工所へお伺いするのが日課になっていました。

ある朝いつものようにご挨拶に行くと、「今日は大事な人からご依頼のあったテーブルをつくり始める日なので、構想を練る午前中は少し静かにしてもらえるかな?」と頼まれました。

いつもの、また来たのか、わかったよ! と言わんばかりの口調が、その時ばかりはとても静かでした。遠くを見つめるような表情でお話しになられる様子に、「これは何かあるな」と直感した私は、その日の午前中いっぱい、業者に無理を言って重機作業を中止しました。

次の朝、「今日の午前中は、作業をしてもよろしいでしょうか?」と小声でお伺いすると、なんとなく晴れやかな顔で、「もう構想はできたから、いいよ」とおっしゃいました。それから、「構想が完璧にできると、後は彫るだけだから。この構想が重要なんだ。あなただって、この建物どうやって壊そうかなって、ああでもない、こうでもないと考えるだろう?」と言われたのです。

私はこの方の言葉に、ハッとしました。自分の場合は、建物を壊すことに慣れてしまって、そこまで考えてはいなかったからです。

建物をどう解体しようかとか、あのやり方で進めるか、それとも別の方法が良いだろうかなど、自分は一つひとつの作業を真剣に考えていただろうか? 現場に戻ってそう自問自答しました。

初めは、「あの人嫌だな」と敬遠していた方との対話で、私は大切なことを教わりました。それは、大袈裟かもしれませんが、「あなたは真剣に、ああでもない、こうでもないと考えてるの?」と、仕事や人生に対する問いを、突き付けられた一瞬でもありました。

CHAPTER

3

グッドカンパニー

工事社員
インタビューA

「気遣い」を細部に至るまで行き渡らせること

DATA

入社	2014年
物件情報	テナントビル2棟同時施工
その他	スロープの勾配

車椅子の通れるスロープをつくる

ビルの入口へと続くスロープを、お母様は車椅子を巧みに操りながら通っていきます。正面玄関に着いたかと思うと、お母様は車椅子をUターンさせ、私に向かってお辞儀をされました。

どうやら、スロープの使い勝手は悪くなさそうです。初めてスロープを試された感想をお聞きしようと、私はお母様のもとへ向かいました。

都内有数の繁華街に面した敷地で行われたこの工事では、ビル2棟をそれぞれ別のお客様が所有されていました。そのうち1棟のお客様のお母様は足が悪く、車椅子を使用されていました。

敷地と道路の間には高低差があり、お客様からは事前に、「ビルの出入口は段差のないようにしてほしい」と依頼を受けていました。そのため、設計図でも車椅子用の出入口をスロープ形状にしてありました。

ところが、実際に敷地の高さを測定してみると、道路との高低差は予想以上に大きかったのです。敷地に隣接する道路は緩やかな斜面になっており、図面に想定されている勾配では、スロープの奥に行けば行くほど急勾配になってしまいます。傾斜がきついと車椅子のお母様の力だけでは、スロープを登りきれません。

——今のうちに気づけて良かった。

車椅子が無理なく通れるスロープにするために、私は設計担当者とともに外構図の作成から見直し、協議を重ねました。

工事に入ると、足場の解体後も現場でスロープの角度を測定しながら、勾配を8分の1以下になるように高さを調整しました。さらに、スロープの一部分には、車椅子が楽に通過できるよう、なだらかな勾配を施工したのです。

車椅子での通行の利便性に響いてくるため、スロープの仕上がりには、細心の注意を払いました。

竣工時にはお客様のお母様がビルを見学に来られ、早速スロープの具合を確かめられました。

出来栄えには、ご満足いただけたようです。

「車椅子での出入りに、十分配慮していただいた工事でありがたい」と、お母様は感謝の言葉を繰り返され、ご子息からも、お礼の言葉をいただきました。

完成したスロープを前に、おふたりで嬉しそうに会話される様子を眺めながら、私はお客様のお役に立てたことへの、喜びを噛みしめていました。

工事には、その時しかできないものもある

工事の仕事では、いざ現場に入ると、設計図とは微妙な誤差が発生する時があります。工事担当者は不測の事態に備えて、問題となりそうな箇所があれば、施工に入る前の段階で、確認しておかなければなりません。

図面通りに工事を進めて、それで本当にいいのか。実際に図面と現場データを照らし合わせて検証するのが、現場で働く私たちの役割です。

いくつもの工程を積み重ねていく施工の関係上、一旦途中の工程を終えると、後からでは修正のきかない施工や、部位も出てきます。先ほど挙げたスロープの勾配にしても、完成後でも直せる部分と、やり直しのきかない部分とに分かれるのです。

どのぐらいの高さまでスロープの勾配を下げるか、どこまで幅を広げるか。

工事の段階で明らかとなる、変更・調整箇所を見落とさないためにも、目の前の作業に集中しつつ、次に向けての準備を行い、新しい作業に移る頃合いを見計らう。

現場を取り仕切る工事担当者は、工期とのせめぎ合いのなかで、時間と品質を管理しなければなりません。作業の無駄をなくすためにも、私は各部署の担当者と相談し合い、各施工段階でやるべき事柄を見極めたうえで、次の工程に取りかかるようにしています。

すべての仕事は「気遣い」から

設計図に書かれている内容を、正確に施工するのはもちろんですが、私はそれにプラスして、現場で何かしらの付加価値を付ける工事を目指しています。

仕事をするうえで、私が大切にしているものを、ひと言で表すとしたら、「気遣い」になるでしょうか。工期や職人さんたちの管理も含め、現場を監督する業務は、「気遣い」という言葉に集約できます。

ここで言う「気遣い」とは、ひとつは建物の実務的な施工面への配慮で、もうひとつはお客様や、工事にかかわる周囲のすべての方々への心配りになります。

工事に対する「気遣い」については、現場の技術担当として、進行する現場で求められるものを、常に感じ取っていくべきだと考えています。

建物の用途や需要、周りの環境といった条件や制約にしても、どのように施工に影響するかは、実際のところは現場の人間でないとわかりません。建物の施工では、とくにお客様には考えの及ばないこともあるからです。

ですから私は、建物が完成してからお困りにならないように、「現状ではこのような状態になります」とご説明をして、不安材料を持ち越さないご提案をするようにしています。

たとえば、この物件のある繁華街のような場所であれば、酔っ払いに建物の外壁を汚される場合を想定し、どんな材料を使用すれば掃除をしやすいかを見越した施工を行う。そういった地域性を考慮した提案などが、私の考える工事での「気遣い」に相当します。

営業
設計
工事

もうひとつの「気遣い」には、お客様の建設中の気持ちの変化や、近隣の住人の方々への配慮、一緒に働く職人さんなどへの、きめこまやかな目配りが挙げられます。

工事が始まると、お客様との定例打ち合わせが、最低でも月1回は巡ってきます。さまざまな話が飛び交うなかで、その時々のお客様の表情や声の調子から、どれだけ本心を感じ取れるかは、工事の方向性を左右します。

材料費などのコスト面は、施工段階になって具体的に金額が見えてくることもあります。できるだけ無理のない、お客様のご要望に沿ったご提案をするためには、相手の気持ちを察する力が求められるのです。

工事に限らず、他部署の担当者にも言えますが、私たちが、お客様の想いを受け入れて初めて、真の意味での「気遣い」を示せるのではないでしょうか。

お客様の想いを感じ取り、無限に受け入れる。そういった感覚を養うことが、私はとても重要だと感じます。

「グッドカンパニー」とは自社に連なる人々への思いやりの循環

私のイメージする「グッドカンパニー」とは、社員の一人ひとりが自分の役割や担当する業務に対して、自信を持って打ち込めるよう、職場環境を整備している企業です。また、社員に限らず、お客様など自社にかかわる人々を謙虚に思いやれる会社が、そう呼ばれるに相応しいのではないかと思います。

現在、私は、「グッドカンパニー」で働かせてもらっています。自分の場合は周囲の人間関係、とくに上司に恵まれています。些細な問題でも相談しやすい環境や、困った時には協力を要請できる体制が整っているからです。

このような環境にいると、人はおのずと他者を思いやれる人間でありたいと、自分を律する心理が働くのかもしれません。私は現場の作業所長として、強い責任感と使命感を持って業務に取り組んでいます。

営業
設計
工事

所長である私の仕事における最も守るべき責任は、「工事を無事故で終える」ことになります。高所作業やクレーンなどの重機を扱う建設現場では、やはり事故が一番怖いですから、施工管理者としては、安全管理を最重要視しなくてはいけません。

安全を確保したうえで、高品質で、お客様に喜ばれる施工を実現できるように、全方位への「気遣い」を行っていく。その実現には、工事関係者と仕事の心構えを共有することが欠かせません。

お客様への礼を尽くすとともに、工事に携わる人々の命を守るという意味でも、ものづくりの現場においては、基本をおろそかにはできません。

現場が汚いと、作業の段取りもうまくいかない。掃除が徹底していないと、工事の全工程に響いてきます。

だから、現場の職人さんには口癖のように、「次の仕事を考えて、作業する場所を綺麗に保つように気遣いながら仕事をしよう」と、常日頃から声がけをしています。

お客様の幸せな暮らしが、「嬉しさ」とつながる

この仕事をしていて嬉しいのは、建物の引き渡しをした後に、お客様や他の方々が、その建物を問題なく活用できているという話を耳にした時です。

工事完了時にも達成感はありますが、建物が完成したら、そこからお客様の生活が始まります。営業社員経由などで、完成した建物を使い始めた後に、入居者の方々が支障なく過ごされていると聞いて、ようやく安心するといった感じでしょうか。

自分が手がけた建物と、そこで暮らす方々については、竣工後も気にかけています。建物に関する良い情報を得られると、ほっとしますし、工事中の状況やそれに関連した出来事が、すぐに甦ります。

うまく説明できませんが、工事にまつわる記憶と、施工中にお客様と分かち合った想いが心に押し寄せる瞬間に、自分は充実感を覚えているのかもしれません。

私たちの「気遣い」が、建物の仕上がりとなって現れ、それに気づかれたお客様が、こちらへ感謝の気持ちを差し出される。

そんな心の通い合いを重ねていくこの仕事に、私はやりがいを感じています。

営業
設計
工事

営業⑫

「髙松建設は、ただ建築するだけでなく、リサーチ&サポートも万全で、素晴らしい人材を育成しているね」

「この会社の社員も他社の営業と同様に、契約さえすればいいと考えているのだろうと不信感を持っていた。私の偏見を変えられたのは君のおかげだ」

お客様が事業計画の最終決断を下す時。それを後押しするのは、私たち社員の地道な営業活動ではないでしょうか。

私とお客様との出会いは、飛び込み営業が発端となります。資産管理法人の代表者であるお客様への橋渡しをしてくださったのは、最初に面談を行った専務の方でした。専務は女性の方で、どうやら男性の営業社員には、壁をつくられているようでした。せめてもの私なりの気遣いで、花を贈ったり面談後にはお礼の手紙をお送りしたりもしました。しかし、それらへの反応はあまり得られません。事業計画の要となる土地の情報や、当社の建物の構造への考えをご説明しても、具体的な話には進展せずに終わります。それでも私は、お会いするたびにお礼の手紙を書き、ご案内する際には車での送迎をするなど、自分にできることはすべて行いました。

そうした私の行動が、専務の心を少しずつ動かしたのでしょう。こちらの提案が本格的に検討されるようになり、やがて具体的に話が進むと、専務の計らいで、社長と面談をする機会をいただいたのです。

面談当日、私の話を頷きながら聞かれていた社長は、説明が終わるとすぐに、「君が提案した土地購入の件を前向きに進めたい」と告げられました。

突然の急展開に、私は大変驚きました。あまりにも唐突で事情が呑み込めなかった私は、「なぜこんなにも早く決断していただけたのですか」とお尋ねしました。

社長が話してくださった内容は、思いもよらないものでした。

社長いわく、「会社に来ていた時に声をかけなかったのは、この人も他の建築会社の社員のように、土地を調べもせず、建築も理解せず、契約さえしたら、『はい、さようなら』と消えると思っていたからだ。

長い間、飛び込みの営業に偏見を抱いていたが、君と出会って考えが変わった。購入予定地に事業性があるのかを、現地でマーケティングリサーチをしていただろう。なぜ知っているかというと、自分は現地で君を見かけたからだ。

高松建設は、ただ建物を建築するだけではなく、顧客のために、リサーチとサポートを綿密に行う会社であると、君を通して理解できたよ。私は改めて、素晴らしい人材を育てている会社だと感じている」

社長が語られる言葉を耳にしながら、私はその場では声も出ませんでした。ただ、黙って、社長の話を噛みしめていました。

自分がひたむきに頑張れば相手に感謝され、その方がかけてくださった、言葉以上の喜びが自分にもたらされる。

この気づきを胸に、これからも私は人と人とのつながりを大事に、営業活動を続けていきます。

営業⑬

グループの皆で草刈りを行えたことに、感謝

鎌を手に雑草を刈る作業服の面々が、広い庭のあちらこちらに散らばっています。朝から始めた草刈りも終盤に差しかかり、お客様の思い入れの品々や高価な石像が、ようやくその姿を現しました。

お客様のご自宅は、敷地330坪、築100年近い建物です。奥様が他界されて以降、ご主人も足腰が弱まり、やがて施設に入居されました。

後を継がれたご子息より、ご自宅の有効活用の提案依頼を受けましたが、管理する住人のいない庭には雑草が生い茂っていました。お客様に残してもらう品々を選んでいただこうにも、まずは雑草を取り除かなければいけない状況です。

お客様ご一家がお困りのようだったので、当社が草刈りをさせていただきました。ただ、敷地が広すぎて、少人数ではとても手が回りません。上司に相談したところ、グループを

挙げて作業を手伝っていただく話がまとまりました。

草刈り当日は朝から夕方まで、作業服に着替えた皆と鎌を持ち、庭の隅々まで草刈りを行いました。草刈りを終えると綺麗に片付いた庭の写真を撮り、その日の作業は完了としました。後日、庭の写真をお客様にお見せすると大変喜ばれ、感謝のお言葉をいただきました。

庭を掃除して、次は提案に移ろうと準備していた矢先、残念ながら様々な事情により、建築はできないと判明しました。私たちの草刈りは、ボランティアで終わったのです。とはいうものの、お客様は今でも折に触れては感謝を口にされ、ご子息からは、「他の所有地についての相談に乗ってほしい」と、新規のご依頼を受けました。

意図した訳ではありませんが、グループ総出で行った草刈りは、チームの結束力を強め、お客様と私たちの信頼関係を、ますます深めてくれたのです。

大人数で1日かかった広大な庭での草刈りは、私だけの力では到底なしえませんでした。上司、同僚、協力くださった皆に感謝するとともに、その場にいた皆との絆の深さを改めて実感しました。

営業⑭

大雨の日にスピード対応したことで信頼を勝ち得た

建設会社に対して、マイナスの先入観をお持ちのお客様は、案外多いのではないでしょうか。とはいえ、そうした先入観を良い意味で裏切ることが、受注のチャンスにつながる場合もあるのです。築50年以上の貸しビルを所有されている法人のお客様は、私が何度訪問をしても受付で門前払いされていた方でした。縁カードや手紙のお届けを繰り返しても効果はみられず、なかなか面談ができない状況が続いていました。

そんなある時、大雨が降った日に、そのお客様より「最上階で雨漏りがしているので、何とかできますか？」と、突然当社に連絡をいただいたのです。

私はすぐに工事部と一緒に現場へ向かい、雨漏りしている箇所へ応急処置をしました。後日に建物の点検を行った際には、悪天候の日に同じような問題が起きて困らないように、不良箇所についても指摘させていただきました。私たちの作業をご覧になったお客様は、「いつもは地元の工務店に任せていますが、スピード対応をしていただき、本当に助かりました。感謝しています」と、お礼をおっしゃいました。続けて、「大手の会社はスピードが遅く、小さな修繕などはやらないと思い込んでいた」と、本音を漏らされました。雨漏りへの素早い対応をきっかけに、私はお客様とお話ができるようになったのです。

台風シーズンや大型連休前には必ず訪問を行い、「建物に不具合があれば、いつでも連絡をください」と、こちらから申し出るようにしました。こまやかな気配りを欠かさずに、定期的な訪問を繰り返して4年が経った頃に、特命で建て替えの発注をいただくことができたのです。振り返ると、当初訪問を重ねても良い感触を得られなかった理由は、最初の修繕を終えた後に、お客様の呟かれた言葉にあったのだとわかります。

地域密着型の地元の工務店には、こまやかに顧客の依頼に応じるイメージがありますが、必ずしも困った時に役に立つとは限りません。むしろ建設会社のほうが頼りになる場合もあることを、私たちの迅速な対応が実証しました。

当社の強みは、計画・設計・施工・保守・管理までを一貫して行うスタイルをもって、お客様の小さなお困りごとを見逃さず、率先して解決できる点にあります。私は今後も、工事部や髙松テクノサービスと連携を図り、些細なことでもお客様のお役に立てるよう行動に移し、皆様に感動していただける業務を目指して邁進します。

営業⑮

「ここまで自分たちのために、手間暇をかけて資料を作ってくれたのだから髙松さんに決めよう」

いつお伺いしても留守で、縁カードや資料の投函をし続けていた営業先。このような方法で気持ちが通じるのだろうか？　と不安だった新卒1年目の私に、お客様は面談する前から、信頼を寄せてくださっていました。

後に私が初契約をいただいたそのお客様は、私が訪問を繰り返しても、お会いする機会を得られない方でした。それでも、間接的であろうと当社と自分を知っていただきたくて、私は縁カードやお手紙などでの接触を試みていました。

するとある時、お客様から「建て替えの相談に乗ってほしい」とお電話をいただき、そこからお客様とのお付き合いがスタートしました。

いざ直接お目にかかると、お客様は競合他社も多く訪問するなかで、私だけに連絡をくださったとおっしゃいました。

なぜ自分が選ばれたのだろう？　見当もつかなかった私は、その理由をお尋ねしてみました。すると、お客様が、「新人ながらも想いの伝わる文面で他社よりも信頼できると感じたから」と告げられたのです。


当時は建築知識も社会人経験も何もなく、営業への自信が持てない時期でした。ですから、そのお言葉をいただけたことは、私にとって救いとなりました。非常に嬉しく、諦めずに地道に訪問し続けて良かったと心から感じられたのです。

お客様の言葉は私の自信につながり、営業活動の糧となりました。


お客様の信頼に力を得た私は、具体的な提案に向けて、市場調査の資料を作るために、自分の足で100件以上のエリア内の物件を調査しました。

慣れない資料作りには苦戦しましたが、お客様のためだと思うと、作業を続けられました。グループの上司・先輩方が、自分の時間を削ってたくさん助けてくださったこともあり、資料は無事に完成しました。

精一杯の準備で臨んだプレゼンの場では、お客様のご家族より、「他社と相見積もりを取ったほうがいいのでは？」というご意見も出ました。しかし、お客様が「ここまで自分たちのために、手間暇をかけて資料を作ってくれたのだから髙松さんに決めよう」と言ってくださり、そのまま特命で発注いただくことができたのです。

グループで力を結集して、お客様への想いや当社の気遣いを伝えられたことへの感動は、今でも忘れられません。

私はこの案件を通して、諦めない気持ちや、経験が浅くても、お客様から信頼をいただける誠実さ、チームワークの大切さを学びました。

これからもお客様一人ひとりと真剣に向き合う気持ちや、チームでの助け合いの心を大切に、営業活動に励んでいきます。

営業⑯

髙松建設の提案力と技術力、営業としての姿勢が評価につながった

他社VS当社。お客様へのご提案をめぐっての一騎打ちで、勝敗を分けたのは手作りの冊子でした。

飛び込み先で受注した案件でのエピソードになります。

私が飛び込みでお会いした頃、マンションの建設を検討されていたお客様のもとへは、すでに不動産会社からの紹介もあり各社の営業担当者が訪れていました。マンション建設の話が現実的になった際には、待ちかねていた各社が一斉に提案を行い、お客様は選択を迫られることになります。

お客様は、まず当社を含めて5社から3社へふるいにかけられました。そこから更に2社へと絞られ、他社と当社の一騎打ちとなりました。私はそのことを、お客様から知らされます。

ここまで残れたからには、絶対に当社で受注を勝ち取りたい。

私はお客様へのご提案をするなかで、他社と当社との技術力の比較をしつつ、何らかの形で当社の独自性を打ち出せないかを、考え続けていました。そして、閃いたのが、お客様のお手元に置いていただけそうな、手作りの冊子です。

私は2、3カ月をかけて、1人で計画地周辺を歩きまわり、各マンションの入居率や賃料を調査し、地図に物件データをプロットし、わかりやすくまとめた冊子を作成しました。

完成したオリジナルの冊子をお客様にお見せしたところ、「ここまでマーケット調査をしたんですね！」とページをめくりながら驚かれていました。

冊子を作成するのと並行して、私は積極的に雑談でのコミュニケーションをとっていました。自分がお客様と同じ沿線に住んでいることを活かして、沿線のイベントの話をしたり、自分の趣味や家族について話したりと、自己開示するように意識したのです。

これらの働きかけにより、お客様は私に、親近感を持ってくださったのだと思います。

他社との工事費の差額が約1億円あるなか、「今まで会ってきたなかであなたは裏表もなく、誠実な人柄だと信頼しているし、髙松建設の技術力も評価しているから発注するよ」と、当社を選んでくださったのです。お客様のこの発言は、私の胸に響きました。

2021年3月、初めてお客様にお会いしてから、同年6月に契約書にご署名をいただくまで約4カ月。短い期間で、ここまでの信頼関係を築けたのは大変嬉しく、営業への自信につながりました。

そして、先日お客様との定例会での雑談にて、またもや感激したことがありました。設計部の担当者が、「近隣に競合となるマンションは少ないのでは？」という話題をお客様に投げかけたところ、「いや、営業さんが手作りの周辺マーケット情報をまとめた冊子を作ってくれて、それによると競合は結構多いんですよ」と、返答されたのです。「冊子をお渡ししてから1年以上経った今でも、覚えてくださっているんだ」と、おふたりの会話を横で聞きながら、私は感動していました。

お客様は未だに面談のたびに、業務上の本題に加えて、雑談の時間を設けるなど、私によくしてくださいます。今後も営業を頑張って、感動を共有できるお客様を増やしていきたいです。

営業⑰

〝髙松の人〟と親しみを込めて呼ばれることの誇り

〝髙松の人〟とお客様のご家族から親しみを込めて呼ばれるようになったのは、訪問を始めてから、3年以上が過ぎた頃でした。

とある月極と時間貸し併用の駐車場の有効活用案件です。400坪程度と広大な面積がありながら、換地で父親の代に敷地を得ていたこともあり、所有者様をはじめ、ご家族も最初は建築に興味を示されませんでした。土地活用についての積極的な検討は過去にもされておらず、現状維持を良しとされている印象でした。

お客様のお宅への訪問は、私が入社以来3年ほど続けており、通っているうちに奥様とは玄関先の門扉付近で、徐々に会話ができるようになっていました。しかし、それ以上の進展はなく、門扉のなかに入れていただくことはありませんでした。

稀にご主人にお会いできても、私へは一切興味を示されません。こちらへ一瞥をくれることもなく、私から一方的に話を投げかけて終了といった有様でした。ご主人と私との距離は、一向に縮まらなかったのです。

それでも私は、諦めませんでした。ある日のことです。いつも通りインターホンを押すと、たまたまご在宅だったご主人が、玄関先に出てこられました。そして後には、驚くべき展開が待っていたのです。

「そろそろ来る頃かと思って待っていた」と、ご主人は私の目を見て話されました。突然話しかけられて戸惑っていると、門扉のなかどころか玄関へ招かれ、奥の座敷に通されました。差し向かいに座るやいなやご主人は、長年勤務された市役所を定年退職され、かつ2人いるご子息のうち、ご一方が働けないため、将来が不安であるなど、今までは伺えなかった内情を、次々と吐露されたのです。

「家内から君のことは聞いている。土地活用などの今後について、まずは君に相談してみようと思い、いつ来るかと待ちわびていた」と告げられ、その場で提案依頼をしてくださいました。

それから提案までの間には、他社の営業も来ていたようでした。ですが、お客様のお悩みやご不安に対し、少しでもお役に立てるよう誠心誠意尽くしていたこともあり、結局ご主人は他社の提案を受けることなく、3カ月程度で、当社へご発注をいただくに至りました。

その後も、計画中から竣工後まで、ご主人は繰り返し、「一生の付き合いだ」と私に言葉をかけられました。

「(会社を)辞めちゃダメだよ、たとえ異動してもウチの担当は君だから」と、常々お声がけくださるようになり、今では小学校に通うお孫さんにも、〝髙松の人〟と呼ばれています。

皆様からは、私の訪問を楽しみにしているとまで、言ってもらえるようになりました。

この出会いによって、門前払いや興味を示されないお客様でも根気よく、そして誠意を持って接することで、ご家族全員に頼りにしていただき、深い信頼関係を築くことができるのだと心底感じました。

多くのお客様にも同様に、私を頼りにしていただけるよう、この経験を活かしていきたいと思います。

工事⑦

不安を抱えていたお客様の手助けをしたい、その一心で行動したこと

他社の現場でトラブルが起きて、その場に居合わせた場合は、対応する・しないの判断に迷うのではないでしょうか。

現場を取り仕切る立場としては、何をもって適切な行動とするのかで難しいところでもありますが、私はお客様のお役に立つことを選びました。

当社が現場で施工するのと同時期に、他社がお客様のご自宅の改装工事を行っていた時の出来事です。現場はご自宅の敷地とつながっていたため、私は毎日、作業開始前・終了後、お客様に挨拶をするのが日課でした。

台風が間近に迫っていたある朝、いつものように挨拶に伺うと、ご自宅の改修工事の足場がかなり揺れているのが見えました。

お客様は揺れる足場を見上げ、何やらバタバタされています。私から声をかけたところ、改修工事の会社と連絡がつかないとのことでした。

当社の現場ではなかったのですが、放置すると危険であるのは傍目にも明らかです。状況を見て取った私は、とっさに自分たちのできる範囲で処置をしようと思い立ち、すぐさま対処にあたりました。数時間後には他社の改修工事の担当者も来られ、作業を引き継ぎ、無事に災害などもなく終えました。

この間、お客様は、強風にあおられる現場の様子を眺めつつ、気をもんでおられたようです。一段落ついた頃にご主人から、「スピード感ある対応をしていただき、ありがとうございます。御社に施工をお願いして改めて良かったと思いました。これから暑くなりますが、体に気を付けて頑張ってください」と、おっしゃっていただきました。

万が一、他社の現場で社員が事故を起こした時のことを考えると、本来ならやってはならない行為だったかもしれません。ただ、そうであったとしても、私は不安を抱えていた

営業
設計
工事

お客様の手助けができて良かったと思っています。

たとえ他社の現場であろうと、目の前の危険な状況を、見過ごすわけにはいきませんでした。ですから、もう一度同じ場面に遭遇しても、同様の行動をとるでしょう。


途中でトラブルにも見舞われましたが、お客様のご自宅改修工事は滞りなく完了しました。続いて、当社の施工物件についても、お引き渡しが終わります。

最後の挨拶をした際に、「日々の挨拶が、これで最後になるのかと思うと寂しくなるね。次の現場でも頑張ってください」と奥様が言われました。

私はこの言葉に触れ、日々のルーティーンが、互いの日課となっていた事実を再確認します。そして、挨拶や「お役立ち」などを通して、お客様と好ましい関係を築けていたことを嬉しく思いました。


どのような現場でも、お客様と良好な関係を築くことが、深い信頼関係につながります。

この気持ちを忘れずに、私はこれからも業務に取り組んでいきます。

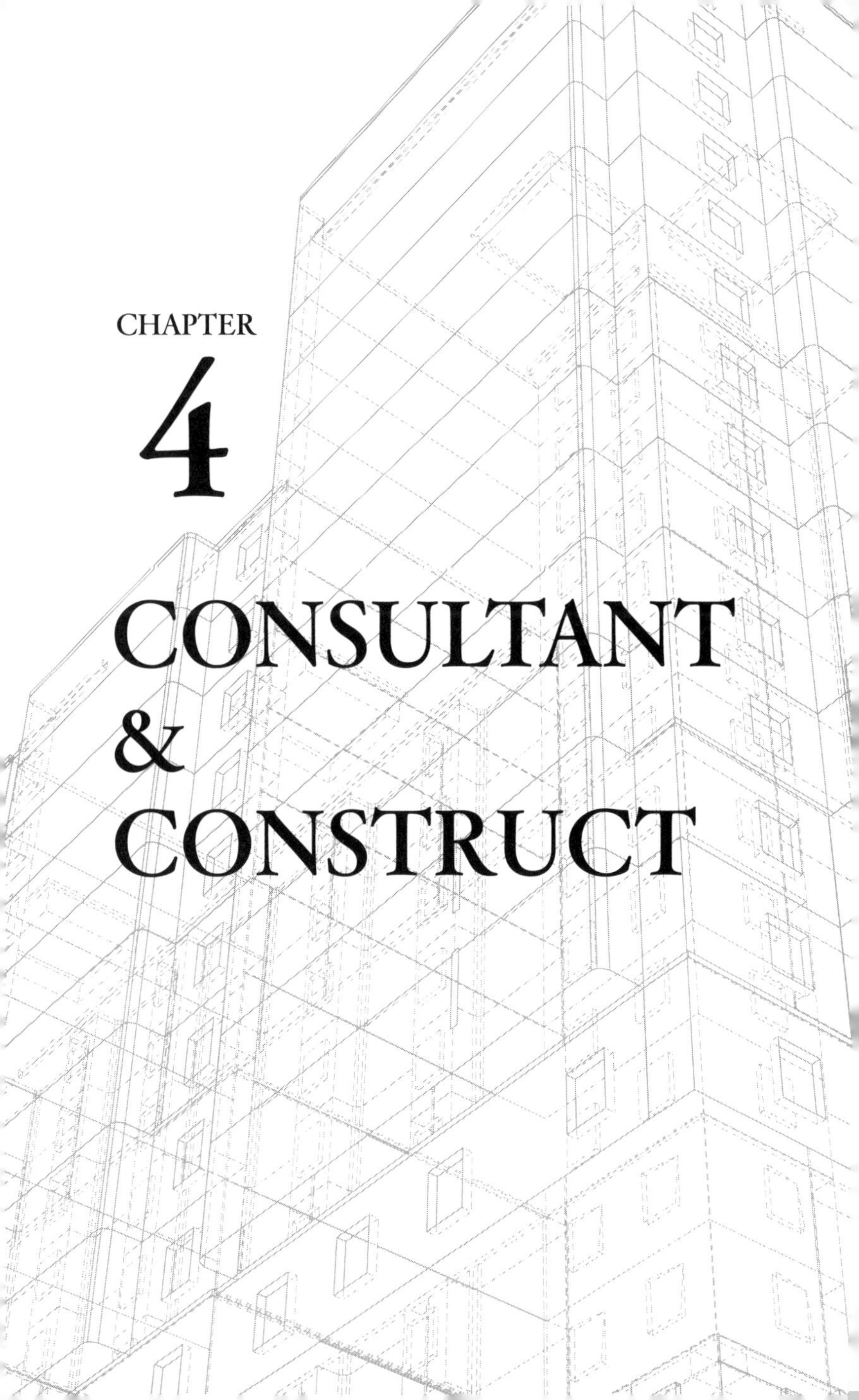

CHAPTER

4

CONSULTANT & CONSTRUCT

設計社員
インタビューA

デザインと事業性を両立させるのはもちろん、プラスαの価値を提供する

DATA

入社	2007年
物件情報	共同住宅（6階建て賃貸マンション）
その他	2016年竣工、十字架のモチーフ

マンションの坪庭にさりげなく設置した十字架のモチーフ

「この物件どう思う？」

電話の受話器から伝わるお客様の声は、新しい事業計画への期待からか、少し興奮気味です。私はいつものように、お客様のご要望を叶えるための道筋を、頭のなかで思い描いていました。

このお客様は建築業を営まれながら、週末には牧師としての活動をされています。非常に建築がお好きな方で、新しく建てる賃貸マンションへの、多岐にわたるご要望をお持ちでした。

工場と住宅地の混在するエリアに位置する立地の前面には、見通しの良い道路が開けています。お客様は、その場所にインスピレーションを感じられたのか、「近隣のシンボルとなるような建物にしてほしい」と、リクエストをされました。

建物が街並みにもたらすイメージに加え、外観や内装にもこだわりがあり、私に写真やスマホの画像を見せては、「こんな材料がいい」と、熱心に語られる姿が印象に残っています。

営業
設計
工事

なかでも一番こだわられたのは、牧師の仕事と関連する十字架のモチーフを、マンションに取り入れるアイデアでした。

しかし、そうはいっても設計者としては、お客様のご希望を建物へダイレクトに反映させるのは、はばかられました。なぜなら、入居される方々が皆、クリスチャンとは限らないからです。

マンションに違和感を持たれる方もいるかもしれないと想定し、お客様に理由を説明して、エントランスから見える坪庭の一角に、さりげなく十字架のモチーフを採用することにしました。

ふと目を向けた先に十字架があると気づく。エントランスの高級感とも自然に調和する佇まいを、お客様はとても気に入られました。建物の内覧に訪れた方々にも、好印象を持っていただけたようです。

竣工後にはお客様から、「設計いただいた物件が非常に好評です。満室続きのため、また次に新しい建物の計画ができます」と、嬉しい言葉をいただきました。

設計の力でお客様の想像を超えていく

私はいつも、お客様のご要望をそのまま取り入れただけの建物を、設計しないように気を付けています。

ご希望に近い建物の写真などを持参されるお客様も多いですが、仮にそれらの要素をフィルターにかけずに採用したところで、建物完成時の満足度は、想定の範囲内でしょう。

お客様のご要望を設計に落とし込むにしても、当然できるものと、できないものがあります。ましてやアイデアに固執すると、場合によっては、建物全体のバランスが悪くなったり、組み合わせに無理が生じたりするかもしれません。

設計者の目線で無理だと思われるものについては、「これはちょっと難しいと思いま

営業
設計
工事

す」と、客観的な理由を添えて、お客様へ伝えるようにしています。

そのうえで写真などから、お客様が好ましく感じられる要素を抽出し、それらを噛み砕いて設計を再構成するなどして、何かしら上乗せをした提案ができないかと考えます。

ほとんどのお客様は、ご自身のこれまでのご経験をもとに、どのような建物をつくりたいかを語られます。ご要望はあるにしても、あくまでもそれはご本人の得た知識や情報の範囲内でのこと。ご存じないものには、あえて自分からは手を出されません。

一方で私たちは職業柄、たくさんの建築を見ており、お客様と比べると知識、経験においての蓄積では勝ります。

お客様の視野を広げるためにも、「こんな設計もできますし、違ったやり方もありますよ」と、アドバイスをしてさしあげたい。せっかく新しく建物をつくるからには、お客様の期待を超えるものを提案したいのです。

お客様だけでは全貌を捉えきれない、建築の可能性を見出し、より望ましい方向へ誘導していくのが設計の仕事ではないでしょうか。それは、お客様へのご提案にも言えることであり、当社の掲げる「CONSULTANT&CONSTRUCT」とも通じます。

デザインと事業性のバランスの取れた建築を目指す

壮大な話になりますが、建築の仕事には、お客様の人生を左右するところがあります。事業を始めるにあたり、お客様は莫大な金額をかけて建物を建てられます。ですから、設計・施工に失敗は許されません。

その方にご満足いただける建物を設計するとともに、事業の収益性や建物の資産価値の面においてもメリットを与えられる、お客様の次につながる提案をしないといけない。「CONSULTANT&CONSTRUCT」を遂行する私たちの役割は、非常に重責だと思っています。

私は自分の手がける設計では、デザイン性と事業性の、どちらかに偏った建物にはならないように配慮しています。

目指しているのは、建物の事業性だけを優先したり、デザインに特化したり、あるいは機能性のみを重視するのではない、すべてを考慮したバランスの取れた建築です。長期的な視点で見た事業性、デザイン、コストバランスを考えながら、ちょうど良いところを狙っているつもりです。

ただし、設計に関しては、当社では建物の隅々までを設計者がひとりで担当するため、一長一短な面もあります。

ひとりの設計者が建物全体を考えて設計する仕事のあり方は、成長環境に恵まれている反面、個人の責任が重大になることも意味します。

自身の成長に応じて、「CONSULTANT&CONSTRUCT」の質も向上していく。

このような働き方は理想的ではありますが、それを実践する・しないは、個々の社員に委ねられています。だからこそ私は、社員一人ひとりの自己研鑽が、最も重要だと考えています。

「長いお付き合い」から本当の「CONSULTANT&CONSTRUCT」が生まれる

当たり前かもしれませんが、建物が竣工したからといって、仕事が完了するわけではありません。引き渡しを終えた建物はこちらの管轄を離れ、お客様の手へと委ねられ、その後使用されるからです。何かあった時にはお声がけいただき、早めに対応をさせていただくのが大事になります。

ただし、私自身は、お客様からの連絡の回数が多ければ良いとは考えていません。というのは、とくに不具合もなく順調なら、別にわざわざ連絡をくださる必要はないからです。

私はむしろ、日頃は連絡を取らなくても、お客様が人生の節目に差しかかった時に、「この人に相談してみよう」と、思い出してもらえる存在でありたいと願っています。

ときたま建物の竣工後も、お客様からは、雑談の延長のようなご相談を持ちかけられることがあります。そのような場合には、ご提案をするには及ばない内容であろうと、お客様が私を頼りにされる気持ちに応えるために、逐一相談に乗っています。

あるお客様は、もともと意欲的な方だったのか、賃貸マンションでの成功で弾みがついたようで、人生全般においてさらに前向きになられました。ご自宅の新築、新しい物件の購入、新規事業の計画などに次々と着手されたのです。

もし私の担当した物件で手ごたえを感じられなければ、次の事業展開へは続かなかったでしょう。

そういう意味において、私たちの仕事には、お客様とのより良い人生を形づくるサポートも含まれるのかもしれません。

建物を建てたら終わりではありません。それからが、お客様との関係性を深める、大事な時期になるのです。

年賀状のやり取り、季節ごとの挨拶、不定期に交わす電話での会話など、私はどんな形であれ、竣工後もお客様との関係を継続することを大切にしています。なぜなら、それぞれの方よりご相談を受けなければ、私たちがアドバイスをするのは叶わないからです。

お客様の、よき相談相手となるためには時間が必要です。私はお客様との「長いお付き合い」のなかで、本当の「CONSULTANT&CONSTRUCT」ができると考えています。

営業⑱

度重なるご注文の裏には、家族への想いが込められていた

「おい、あそこにある土間のへこみ、何とかならんか」

これで何度目の手直し依頼になるのだろう、と思いながら私は、お客様が指さされた場所に目を向けました。でも、へこみの目立つ箇所は見当たりません。

正直にそう伝えると、お客様はじれったそうな様子で、その場所から数メートル離れたところまで私を連れていき、いきなり目の前で床に定規を押し付けました。

「ほら、こうやって定規を当てたらわかる」

私の顔を見上げられた真剣な表情に気おされ、自分も同じように定規を当てられた箇所をのぞくと、ぱっと見では判別できない、微かなくぼみがあります。

（ここまで仕上がりを気にされる方もいらっしゃるのだ）お客様に同意しつつも、なぜ細部にまでこだわられるのか、その時私は気づいていませんでした。

「儂《わし》は自動車のことはわかるが、建物の設計のことは素人だからわからん。そこは信頼できるプロに任せる。でも性能は仕上がりを見たらわかる」

お客様は、長年自動車の部品の製造、卸販売をしていた会社をたたむことを見据え、今のうちに土地・資産は個人資産として活用し、万が一会社経営が行き詰まった場合のことまでお考えでした。そこで当社が自宅兼倉庫、事務所として使っていた敷地を会社と個人資産とに切り離し、建物をマンションに建て替える提案をさせていただいたのです。

契約時の言葉通り、お客様はマンションの設計打合せには一度も出席されませんでした。当社の提案にはほぼ反対されず、こちらのアイデアは次々と採用され、賃貸マンションとしては珍しい、センターコアプランの純ラーメンRC造10階建ての建物が竣工しました。

純ラーメン構造の特徴を生かした、開口部を大きく設けて通風採光が十分に取れたマンションは、日当たりの良さと開放感のあるデザインが好評で、エリアでは人気物件となりました。完成から今日にいたるまで、入居は順調で常時フル稼働の状態です。

賃貸経営としては理想的な状態といえますが、お客様にしたら、何か思うところがあったのでしょう。メンテナンス・アフター点検にはとても厳しく、入居者でも気づく人はいないレベルの駐輪場の土間の凹凸にさえ、非常に神経を使われていました。

もしかしたら、会社が暇になったので、寂しくなって相手をしてほしいだけなのか？

お客様からの依頼が重なるにつれて、お役に立ちたい気持ちは変わらないものの、対応を面倒に感じるようになりました。正直、営業担当者の私も、髙松エステートの管理担当者も、「お客様の言われることはわかるけれど、そこまでの精度は必要ないのではないか？」と、納得がいかなかったからです。私たちは修繕の回数が増えるにつれて、不満を漏らすようになりました。しかしある時、お客様のご自宅に招かれ、私の気持ちは一変します。

「いつも細かいことを言ってすまん。言いすぎなのは承知している。しかし、僕がいなくなったら、娘たちでは手直しを頼むことすらできない。僕がいなくなってもマンションは遺る。だから、できるうちに見ておきたい。土間のうねりがなければ、水が溜まらないし、汚れも残ることが少ない。汚れないものは、傷まないだろう」

私はこの時初めて、お客様の本音に触れました。完璧な仕上がりを求められた背景には、永年のプロのモノづくりへのこだわりと、ご家族を案じる気持ちがあったのです。私たちに憎まれようと、あえて口うるさく最善を求めて手直し注文をされていたのは、ご家族の将来をおもんぱかってのことでした。

お客様の真意をお聞きし、本来後継者への資産形成を促進するためのお手伝いが我々の仕事のはずなのに、「注文が細かすぎるのでは」と、愚痴をこぼしていた自分が恥ずかしくなりました。

お客様からのクレームのようにも受け取れる言葉の裏には、その方の深い想いが隠されているのかもしれない。営業としてではなく、お客様の目線に立つからこそ見えてくるものがあると、気づかされた経験です。

営業⑲

過去と未来との通過点、「建て替え」から見えてくる、その街の歴史やドラマ

「建物を建てることは、そこに住む人が集い、それぞれの暮らしが営まれることでもある。これから新しく街の住人となる人たちの想いを想像するとともに、昔からの住人や、今住んでいる人たちの想いも酌んでほしい。その方々がいたからこそ、この街が続いてきたのだから」

これは長屋の住人への立ち退き交渉が行われている時に、不動産会社の方が、諭すように私におっしゃった言葉です。

市内中心部の長屋が残された土地での、立ち退きの際のお話です。私は所有者様の建て替えのお考えを、入居者へお伝えする役目を仰せつかいました。

入居者の方々に建て替えの経緯を説明すると、当然ながら、初めはどなたも驚かれた様子を示されます。その反応は所有者様への風当たりの強さを感じさせ、態度もよそよそし

く、前途多難な印象を受けました。

もっとも、当社が携わっている「建て替え」のお客様は、あくまでも地権者である長屋の所有者様です。入居者の方々は、正当な理由とともに、時間をかけてしっかり対応していけば交渉可能な相手なのです。

とはいえ、立ち退きをお願いするのは、所有者様の都合でもあります。所有者様の状況をわかってもらおうとする前に、まずは相手の事情をよく知るべきではないか。そう考えた私は、入居者と近隣にお住まいの方々への訪問を始めました。

訪問を続けていたある日、私は長屋近くの不動産会社に伺いました。そこでお店の方から、営業への考え方を見直すこととなる言葉を投げかけられたのです。

その不動産会社の方は、建設会社としての当社の目的をご理解されたうえで、街の成り立ちからいわれまでを教えてくださいました。そして、それらの内容を踏まえて相手の方と対話をするように、と助言されたのです。それ以降、私はアドバイスに従って、街の歴史や土地の慣習などを頭に入れて、入居者の方とお話をするようにしました。

街の過去や、昔から続く人々の暮らしぶりに関心を持ってみると、私自身のなかでいく

営業
設計
工事

つもの発見がありました。

入居者の方が不在の理由が町内行事のためで、自分が避けられていたのではなかったとわかったり、古くからの住人とは、旧町名で会話をしたほうが話は通りやすいと気づいたり。訪問先で、地域にまつわる風習に触れたのが糸口となり、時間を取ってお話を聞かせてもらえた時もありました。

「街」という共通のテーマは、皆さんとのコミュニケーションの円滑化に役立ったのです。


住宅を建てると、そこでは何十年にわたる人々の暮らしが営まれます。それは、新たな街の歴史に、その建物とそこに住む人が、連なることを意味します。

エリア営業を主とする当社の特色を強みとするには、現在のマーケット特性などを把握することはもちろんですが、担当エリアの歴史を学ぶ姿勢も大切なのではないでしょうか。

立ち退きのお手伝いを通して私は、街の現在や未来の展望だけでなく、過去の事柄にも関心・興味を持つことの重要性を再認識させられました。

「Eupｔelea《ユープテリア》」――フサザクラ。家族の想いの詰まったマンション名

想い入れのある、マンション名。担当者とお客様との、心の通い合いから生まれました。ご契約したお客様の、マンション工事が終盤に差し掛かっていた時の話です。さて、マンション名をどうしようかと、ご家族の間で嬉しい悩みが持ち上がっていました。お客様も考えられてはいましたが、未だに良い案が思いつかず。設計担当者もマンション名候補一覧をお渡ししているなかで、ピンとくる名称は見つかりません。

私も営業としてお役に立ちたく、なにか家族の想いを形にした名前をご提案したいと、ずっと考えておりました。

ある時、ふっと閃きのようなアイデアが浮かび、それをとっさにメモ用紙になぐり書きしました。マンション名の候補に思いついた名前は「Eupｔelea《ユープテリア》」

お客様のお名前には「フサ」という字が入っており、また、計画地にはお客様のお母様が大切になさっている桜が残っていました。お客様はその桜を見ることで、昔の家での生

活や人生を思い出す、大切な桜でした。

お客様の名前から一字もらい、お母様の想いの詰まった桜から一字もらうと、落葉樹「フサザクラ」の名前が完成するのです。

ご家族の思い入れのある漢字を、落葉樹の「フサザクラ」とかけるアイデアは、我ながら気が利いていると思いました。ただ、そのままでは植物名と同名となり、マンション名にお客様の名前が一部使われてしまうことになるため、もうひと捻りしたいところです。

そこで、マンションの名称としてより相応しい、「フサザクラ」の学術名称、「Ｅｕｐｔｅｌｅａ」を、お客様へご提案しました。

ご提案の当日、名前を思いつくまでのいきさつを話すうちに、ご家族全員が笑顔になられました。

お母様には「名前の由来が良い」と非常にお気に召していただき、息子様も、「僕が考えたことにしてください」と良い意味で悔しがられています。私のアイデアは皆様にご満足いただけたのでした。

マンションが竣工したのち月日が流れても、マンション名は地図に残ります。ご家族にとって特別な意味のある名前をご提案できたことを、私は非常に嬉しく思います。

営業㉑

お客様への寄り添い——桜に引き継がれ、広がる未来への物語

住みかは変わっても、大切なものは家族の歴史とともに引き継がれていく。毎年窓から眺める桜に癒やされてきた老夫婦への、寄り添いをカタチにした提案です。

営業のきっかけは、お客様ご夫婦のご長男が、当社施工の賃貸マンションで生活しているため、大変住みやすいマンションだと気に入られていたことに始まります。ご長男は以前より、将来的には実家を建て替えて、居宅付マンションにしたいと考えており、お住まいのマンションのオーナー様経由で当社へお話をいただきました。

マンション計画地である敷地約350坪には、自宅、倉庫、借家、駐車場があり、とくに自宅は、築60年の木造建築で老朽化が進んでいるそうでした。

現地で建物を確認してみると、ご長男が建て替えを急がれる理由が、私にも納得できました。外観からも、建物の傷み具合は明らかです。私は早速、自宅の建替え案を含め、数パターンのご提案をしました。

提案当初こそ、ご両親は自宅を建て替えるプランに関心を示されましたが、面談を重ねてもこちらの計画案に賛成されるそぶりが見られません。

実は、ご両親は長年お住まいの自宅に愛着を持たれており、共同住宅内に自分たちの自宅をもうけることに、内心では不安を感じられていたのです。そのため、親子間での意見が分かれ、話が停滞していたのでした。

ご両親とマンションでの同居を待ちわびるご長男は、「何とか建て替えを進められるよう両親を説得してほしい」と、私に相談されました。

お気持ちはわかるものの、ご両親にとって何が心理的な負担であるのかを把握しないことには、計画を進めることはできません。そこで、私からご両親の本音を引き出すために、可能な限りご自宅への訪問を行い、おふたりに宿題をいただくことを意識して、関係の構築に努めました。

ご両親との対話を重ねるうちに、何が問題であるのかが掴めてきました。おふたりは樹齢60年の桜の木に大変愛着があるのだと、私に打ち明けてくださいました。

コンクリートの建物での暮らしへの戸惑いと、それ以上に、毎年春になると窓から見える桜に癒やされてきた、なじみ深い桜の木が切り倒されることに、抵抗されていたのです。

ご両親の本音をようやくお聞きすることができた私は、新たな計画案の作成に入りました。桜の木をマンションのシンボルツリーに見立てたアプローチに変更したのです。

桜の木を残せば、ご両親が今まで通りに桜を眺めるだけでなく、お孫様や他のご家族、入居者の方々も、桜を介した交流の場をもてます。植栽が好きなお母様のために、桜の木を中心に好きな植物を配置するガーデニングアプローチを提案すると、ご両親も大変気に入っていただけました。

ご家族全員の気持ちが一致してからは、計画は順調に進んでいきました。

そして、皆様が入居を楽しみにしていた居宅付マンションの竣工を迎えた時に、私はご両親より、お褒めの言葉をいただいたのです。

「木造の建物からコンクリートのマンションに移り住むのに抵抗があったけれど、私たちの住みたいイメージを最大限、カタチにしてもらえました。桜の木も今まで通りで、しかも、孫とも住めるようになり感謝しかありません」

お客様への寄り添いの本質を、私はご両親の想いをカタチにする過程で体得したように思います。お客様に寄り添うことの意味を理解できたこの経験は、私の営業における基本になっています。

営業㉒

諦めずあともう1件と足を延ばした、あの1日から始まって、契約へとつながった

最後に、あともう1件だけ訪問してみようか。この時の決断が、私に初受注をもたらしました。

異業種から転職し、営業自体が初めての私は、「高容積エリアで事業性の高い計画地を優先して営業するように」との上司の指示のもと、担当エリアの地主様へ営業をしていました。

しかし、このエリアは商業地域のわりには農家の地主様が大半で、農協、地元の不動産業者との付き合いが深く、お話を聞いていただくことすら難しい状況でした。

とにかく地主様にご挨拶をして、当社のチラシを渡す。その程度しかできなかったこと

もあり、あっという間に予定していた訪問先に行きつくしてしまいます。ろくに話ができる先もなく、途方に暮れる日々が続いておりました。

代わり映えのしない営業活動を繰り返していたある日の夕方、いつものように具体的な面談が1件もできないまま、仕事が終わろうとしていました。でも、その日の私は、普段とは違う行動をとったのです。

最後に、あともう1件だけ行ってから会社に戻ろう。私はそう決めて、ある地主様のお宅を訪問しました。

このお客様の所有地は、ファイルに持参していた地図のページの境をまたいでおり、面積も大きくなく、訪問の優先度が低かった先でした。インターホンを押すと、ご主人らしき方が出てこられ、そこで初面談となります。

この方は私に、「管理を任せている不動産業者に不満がある。できる限り収益の見込める、大規模なマンションへの建て替えをしたい。しかし、どうしていいかわからずに困っている」と、訴えられました。

お話によれば、敷地には上空に高圧線が通っているため、敷地全体では建物を建てられず、敷地の半分で計画するしかないとのことでした。そこを何とかできないものかと思い、建設会社に相談してみようかと考えられていたそうです。

事情を知った私は、その場で建築プラン提案のご依頼をいただきます。ただちに会社へ戻ると、上司、設計と打合せを行い、翌日には、電力会社、市役所にかけあい、当計画地でどのくらいの規模のマンションが建てられるか、確認をとりました。

その回答をもとに、お客様の要望される規模のマンションが建築可能であることを、その足でお伺いしてお伝えしました。すると、こちらの迅速な対応に大変感謝してくださり、私に向かって、思ってもみないお言葉をかけられたのです。

「今任せている管理会社は対応が常に遅く、ちょうど今回の建て替えを機会に、建設、管理、その後の修繕も含めて任せられて、新しく長い付き合いができる建設会社を探していた。自宅近くに高松建設の物件があり、基礎工事の段階からよく見ていて、しっかりとした基礎をつくる、良い会社だという印象はあった。それで今回、あなたに実際に質問や相談したら、すぐさま一所懸命調べて答えてくれたことで、信用がさらに強まった。他の建設会社にも見積もりを依頼するつもりだったが、このまま髙松さんで契約するから提案してください」

早くも提案の段階で、特命発注のお約束をいただきました。実際にその後、他社の提案を聞かず、当社が開催する内覧会、税務相談会、法務相談会、社内のショールーム「ドリームプラザ・夢工房」へと足をお運びいただき、無事に契約となったのです。

当時を振り返ると、入社して1年以上も有効な面談がなく、私は困り果てていました。でも、そこで諦めずに、あともう1件と足を延ばしたことが、営業活動の転機となりました。

すべては、あの1日から始まりました。それから半年もかからず、あっという間にご契約になった、衝撃と感動は忘れられません。

営業㉓

「社屋を建て替える際には、ぜひ髙松建設に相談することをお勧めします」——竣工パーティーでのお言葉

お客様が主催される建物の竣工パーティーをお手伝いする。これも立派な営業の仕事です。新本社ビルの竣工に合わせ、私はパーティー開催の準備に取りかかりました。

ある法人が購入した土地に、新本社ビルを建築する計画です。既存の社屋の老朽化が進み、手狭となったために、新しいビルの建築計画がスタートしました。

お客様にとっては、新本社ビルの建築は、会社の輝かしい未来を象徴する一大プロジェクトです。会社の事業面でのさらなる発展を意味するだけではなく、そこで働く社員の方々にとっても、大切な節目にあたります。そのためもあってか、お客様の新社屋に懸ける想いには、大きなものがありました。

お客様の想いを具体的な提案に盛り込むために、社長や役員の方はもちろん、実際にお使いになる社員の皆様にも、ご要望をお伺いする時間を多くいただきました。個別にお伺いをしていくと、営業車台数の確保、会議室の実際の使われ方、防音性を高めたいといったリクエストが、次々に寄せられます。

それらにもとづき、社員の皆様のさまざまなご要望を取り入れた計画を提案しました。

皆様の期待を受けて始まった工事は、順調に進んでいきました。一方で、建物の完成が近づくと、お客様から新たなご相談を持ちかけられます。それは、関係各社を招いて竣工パーティーを開催したいので、私にも手伝ってもらえないかというものでした。

私はお客様のご依頼を引き受けて、会社の方々とともに、パーティー開催の準備に勤しみました。当社からはケータリングの手配などもお手伝いして、おもてなしの準備が整います。

竣工パーティー当日は、お客様のグループ会社、各社の社長、役員を含め、多くの方にご出席いただきました。

社長はご挨拶のなかで、今回の工事に大変ご満足いただいていると語られました。さらには、「各社の皆様、社屋を建て替える際には、ぜひ髙松建設に相談することをお勧めします」と、当社を強く推薦されるお言葉をいただけたのです。

私はそのお言葉をお聞きして、社長をはじめ、社員の皆様とのコミュニケーションを通じて、お客様に心からご満足いただける建物を、完成させることができたと実感しました。新社屋建設に対して、お客様が寄せられる気持ちには、並々ならぬものがあります。このお客様とのかかわりのように、皆様の気持ちを大切に、今後も業務に取り組んでまいります。

設計⑤

「君が設計担当になるんやったら、高松で考えるわ」――オリジナルの提案が評価されて

……なにか引っかかる。他社が作成した図面を眺めていると、建築計画そのものへの違和感が湧いてきます。

自分の感覚を信じて設計に生かすべきか、お客様のご要望を盛り込んだ他社図面にならい、同じ路線の設計にするか。

迷った末に私は、自分の違和感を見過ごさない選択を下します。

他社と競合する案件で発生した出来事です。

営業社員が既存のお客様からのご紹介で物件情報を得た時には、すでにその施主となるお客様は各社との打合せを重ね、建物のボリューム構成がほぼ固まってきている、といった雰囲気でした。そのため、当社は後発としての提案を余儀なくされます。

不利な条件を挽回しようと活用したのは、営業担当者が初めて訪問した際にお客様から渡された、他社が作成した図面でした。私は営業担当者から回ってきた図面の、細部にまで目を通しました。

ところが、眺めているうちに、他社の図面から読み取った計画そのものに対して、何か違和感が出てきたのです。

各社ともにお客様とは何度も打合せをしており、ご要望は十分に把握しているはずなのに、どうもしっくりこない。

もっとも、どこか違和感があるとはいえ、お客様の想いやこだわりが込められた計画かもしれません。

その計画を無視して、こちらがまったく違う案を出して心証を悪くされないか？　他社の図面をベースに改善案を出して、はたして後発である当社の提案内容に、魅力を感じてもらえるだろうか？

私は考えたあげく、思い切って当社オリジナル案と他社計画の改良案との2案を、ファーストプレゼンしました。
プレゼン終了後、手元の資料を無言で凝視しながら、2案を見比べられていたお客様が、しばらくして言葉を発せられました。

「どう考えてもこっちやな」

選ばれたのは、当社オリジナルの案です。自分が感じた違和感を、お客様にもわかっていただけたことへの、安堵と喜びがこみ上げた瞬間でした。

ちなみに、ご提案した当社の工事費は、決して他社より安くはありませんでした。けれども、それから幾度もお客様のご要望にスピードと誠意をもって対応を続け、最終的には当社で契約をしていただきました。

提案の最終段階では、「君がこのまま計担当になるんやったら、高松で考えるわ」と、冗談半分でおっしゃられるようにもなり、少しずつ人間関係も築けていたのだと思います。

会社としてだけではなく、ひとりの人間としての私を受け入れてくださったことを、大変嬉しく感じました。

現在、私は実際にこの案件の設計担当者として、日々忙しく業務に取り組んでいます。調整やトラブルなどもありますが、あの時のお客様の一言が、今の私を支えるモチベーションとなっています。

まだまだスタートを切ったばかりの案件ですが、お客様の期待を裏切らないよう、設計者として誠実に、仕事に向き合っていきたいと考えています。

それには、やはり人と人との信頼関係が他の何よりも一番大事なのだと、身にしみている真っ最中です。

設計⑥

顧客の想像を超えるような提案を期待されて

建物のデザイン性、費用対効果、アフターフォロー体制の充実……。お客様が建設会社を選ぶ基準はさまざまです。他方で、すべてのお客様が潜在的に、私たちに期待されているものもあるように思います。

それは何かというと、お客様の持つ建築への既成概念を取り払い、その先へといざなう提案力です。

このお客様は、居宅・店舗付きマンションの建替えを希望されていました。ご自身で当社の施工物件をご覧になられていたこともあり、当社の建物のデザイン性や完成度を、以前より高く評価されていました。銀座にあるインテリアショールームや社屋内ショールーム「ドリームプラザ・夢工房」へ設計者として同行した際にも、ご満足くださったようです。

営業
設計
工事

当社のこだわりをご説明すると、見えないところを含めてしっかりとした建物をつくる会社であると、さらなるお褒めの言葉をいただきました。

お客様の期待と信頼を受けて、私たちはご提案に向けて動き出します。

まずは現在のお住まいを見せていただき、お客様との情報共有を始めました。ペットを飼われており、奥様ご自身がＤＩＹでインテリアを手がけるほどのこだわりをお持ちであること、キッチンまわりの使い勝手などをお聞きしたうえで、その内容をもとにチームで意見を交わしながら提案内容を考えました。

家事動線に合わせた複数パターンの間取りや、キッチンまわりのイメージスケッチ、ペットに優しい床仕上げなど、お客様が依頼しようと思われていた内容を、こちらが先んじてご提案しました。修正箇所についても、その場でスケッチを描きながら問題解決を行うなど、改良を重ねたご提案は、ことのほか気に入られたようです。

さらに本件は、「立ち退き問題」「融資」「事業性」といった、総合的な観点からの提案である点を高く評価いただき、事業開始時期を数年繰り上げて、発注をいただくことができました。

契約当日、お客様ご夫婦よりいただいたお言葉が、私には実に印象的でした。

「私たちは建設会社で働く方々を、その道のプロだと思って接しています。そして、プロの方たちには、素人の知らないことを教えてくれて、自分たちの想像を超えるような提案をしてくれることを期待しているんです。髙松さんからは、それを感じました」

お客様からの過分なお言葉に、私個人としても非常に身の引き締まる思いがしました。それとともに、この言葉には、当社のビジネスモデルにも、とても大切なことが示唆されていると感じています。

営業
設計
工事

工事⑧

工場稼働のなか、その妨げとならないように、丁寧に施工

工場が稼働中に、改修工事を行う。

言葉にすると簡単なようですが、実際には煩雑な業務が増え、現場の仕事の難易度は高まります。通常の工事よりも複雑な案件を、私は初めて所長として担当することになりました。

2021年1月中旬~3月末、ある金属を扱う工場の改修工事の現場において、私は機械式駐車場と鉄骨庇の施工に携わりました。

お客様が経営する工場の稼働中に改修工事を行うという、難しい条件での工事でしたが、私は自身の培った知識と経験を活かし、絶対に完成に導こうと意気込んでおりました。

まずは計画から始めようと、工事を間近でご覧になるお客様に、2週間分の工程表を毎週金曜日に提出することに決めます。並びに、自身で考えた計画を実行するにあたり、工程表をもとに、毎回お客様と協議しました。

お客様の工場の品物の搬入予定を考慮し、前もって工程表を作成することで、工場稼働の妨げにならぬようにしたのです。

こちらの工事内容を、お客様に了解していただく手順を踏んでから、次に計画を実行に移していきました。お客様に見守られるなか、現場は既存躯体の解体から始まり、施工手順を遵守し、どんどん進んでいきました。

ただし、工程が進んでいくにつれ、いくら綿密な打ち合わせをしていても、さまざまな問題が露見していきます。私はその都度対応策を考え、お客様と協議したうえで、製作金物・塗装の色のサンプルをお見せするなどして、竣工後のイメージを共有しました。

お客様に、建物の完成した姿を思い描いていただき、それに適した材料を選んで施工に用いるように努めたのです。

こうした取り組みを続ける一方で、機械式駐車場の鉄骨建方・庇の鉄骨建方に関しては、工場の休業日を狙い、ピンポイントで施工できるよう、調整していきました。竣工が近づいてくる頃には、最終の確認・美装を確実に行い、全体的な見栄えにもこだわりました。

そして、この工事の間、初めての現場所長として奮闘する私の隣には、常にお客様の姿がありました。

引き渡し当日、お客様は改修を終えた機械式駐車場をご覧になり、しみじみと語られました。

「担当があなたで本当に良かった。一緒に建物を建てているみたいで、一生の思い出になりました。またこれからも弊社の物件をよろしくお願いいたします」

2カ月あまりの工事中、不自由な思いもされたお客様から温かいお言葉をいただき、私はとても感激しました。

この案件では、工事に対する制約がマイナスとはならず、かえってお客様と私との距離を近づけてくれました。お互い密に連絡を取り、現場へも足を運んでいただいたことで、お客様も当事者として、改修工事を楽しんでくださったように思います。

これからも私は、お客様の目線で「一緒に建物を建築していく」という意識を持ち、施工に携わっていきます。

CHAPTER

5

自己実現

設計社員
インタビュー B

自分の理想、会社の理想、お客様の理想を実現すること

DATA

入社	2015年
物件情報	13階建て高さ50メートル店舗ビル
その他	入社3年目に初めて設計をした建物

入社3年、初めての実施設計に挑む

地上13階建て、高さ50メートルを誇る店舗ビル。このくらいの高層建築になると、行政の条例など、さまざまな条件を考慮して設計しなければなりません。建物内の柱の場所ひとつとっても、配置の仕方でコストが大きく変わるため、建物の構造設計に加え、経済設

計への配慮が必要です。

私は当時入社3年目で、この店舗ビルが実施設計を担当した初めての物件でした。一級建築士の資格は取得していましたが、まだ建物全体を設計した経験はなく、お客様との打合せには、不安を抱えながら出向いたのを覚えています。

お客様は、その当時で60代くらいの女性でした。この方からすると、ご自身の子どもや孫にあたる年齢の担当者である私を、最初は頼りないと思われたに違いありません。それにもかかわらず、質問されてもうまく答えられない、拙い自分の説明に嫌なそぶりも見せず、親身になって話を聞いてくださいました。

毎回の打合せには、上司も同行していました。上司は実施設計に慣れない私のために、打合せが終わると必ず、一緒にその日の提案の振り返りをしてくださいました。「その言い方は直したほうがいい」と、気になった発言を指摘していただくなど、今の私があるのも、上司の丁寧な指導があってのことだと思っています。

「いつまでも上司に頼りっきりにはなりたくない。お客様に、できない設計担当がついたとは思われたくない」

未熟な自分を気遣ってくださる、おふたりの気持ちに報いたくて、私は毎回の打ち合わせに、最大限の準備をして臨むようになりました。

がむしゃらな3年間を経て達成したMAXのパフォーマンス

このお客様は、ビルの建て替えに関しての具体的なご要望をお持ちではない方でした。その分、こちらから提案を仕掛けていかなければなりません。私は設計の趣旨をご理解いただけるよう、お客様目線から見た、「わかりやすさ」を意識しました。

たとえばデザインであれば、3Dパースの設計図の他に、そのデザインに決定した経緯を図にしてお見せしたり、イメージが湧きやすいように参考写真を添えたりしました。

そうした工夫もあってか、打ち合わせを重ねるごとに、お客様の不安は、徐々に信頼へと変わっていったように思います。

いくつかのプランのなかから、どれを採用すべきか迷われた時には、「大丈夫。信じているからそれで良い」と、私の意見をもとにプランを選んでくださるようになりました。

この物件の竣工には約3年が費やされ、その間、私は月に1度の定例会で、お客様と顔を合わせていたことになります。設計が少しずつ形になるにつれて、お客様との関係にも親子のような親しみが生まれ、こちらの提案にも、ますます熱が入っていきました。

設計をしては、修正を加え、再び目を通していただいたものを、会社へ持ち帰り、さらに検討する。がむしゃらに仕事に打ち込むうちに、体感的には、あっという間に3年間が過ぎました。

ついに建物の竣工を迎えた時、自分の力を出しきった、達成感に包まれた記憶があります。いま振り返ってみても建物の完成度は、当時の自分がなしえたMAXのパフォーマンスに達していたと思います。

高いパフォーマンスを叶える秘訣、それはコミュニケーション

あれから6年経って感じるのは、たとえ経験を積んだ現在の自分が同じ建物を設計したとしても、当時提案した以上の建物は設計できないだろうということです。

現在は常に複数の物件を同時に動かしていますが、当時は初めての物件だったこともあり、その1件だけしか設計していませんでした。自分に備わっているパワーが100あるとして、持てる力をすべて、この物件に注いでいたのです。

良い建物をつくりたいという気持ちだけで、ひたすら仕事に没頭していました。私自身に余計な算段や知識の入っていない状態だったのも、最大のパフォーマンスを発揮できた理由のひとつかもしれません。

高いパフォーマンスを叶えるために最も必要とされるのは、コミュニケーション能力だと私は思っています。

この考えは、入社当時から変わっていません。とくに初めて1棟を手がけた、こちらの

物件を担当してから感じていることです。

設計者としては、日々勉強に励み、自分の技術を磨くことも確かに大切です。とはいっても、設計力に関しては、努力と訓練次第で、誰でもある程度のレベルは身につけられるのではないでしょうか。

個人的には、そこまでテクニックを重視していません。それよりも大事なのが、円滑な対人関係を築いて、維持する能力です。

設計の仕事は、営業、工事、積算など、社内のさまざまな部署の方々とのかかわりによって、成り立っています。ですから、設計者には、社内の皆さんが協力してくださるように働きかける、コミュニケーションの力が求められます。

加えて、この仕事はお客様が第一とはいえ、その方々の大半は建築にかけては素人です。私たちはプロとして、それぞれのお客様にとっての良い建物をつくるために、ご要望を聞いたうえで、その方を良い方向へ導いてあげなければいけない。

こうすればお客様のためになるだろう、と自分が確信する、「やりたい設計」を貫くには、各部署の方々のサポート抜きでは不可能なのです。

日頃から、良い意味での根回しや情報共有をしておかないと、こちらが何か頼んだとしても、おそらく依頼を受けた側は対処しきれないでしょう。それもあって私は、社内・社外ともに、良質なコミュニケーションをとるように心がけています。

自分と会社の方向性がシンクロした「自己実現」

大手の同業他社では、若手社員には建物の一部分を担当させる会社が多いのに対して、当社では、もちろん上司のフォローもありますが、基本的には社員1人に1物件が任せられます。

設計者が建物全体をコントロールし、建物の隅々にまで自分の意思を反映させた設計ができる。それが、当社で設計の仕事をする魅力といえます。

私は建築設計のすべてを、自分で手がけたいと常々思っていました。現在は希望が叶い、建物の意匠設計だけではなく照明や空調設備なども、自分で設計するようになりました。会社の方針と自分自身の目指すものとが一致しており、私は仕事を通じた自己実現を、日々更新しています。個人の裁量に委ねられる範囲が大きい分、責任も重くなるので大変な面もありますが、この仕事に働きがいを感じます。

さらに、若くても実力を証明すれば、しっかりと評価される会社の体制も、自己実現の後押しをしてくれます。

私の場合は、入社3年目で一級建築士の資格を取得して経験を積んだのち、役職者になりました。入社年数や年齢といった年功序列ではなく、本人の働き次第で結果がついてくるところも、仕事を進めるうえで役立っています。

役職者となる最大の利点には、自分の意見が通りやすくなることが挙げられるでしょうか。一般社員よりも周囲への影響力が強く、権限の幅も広いため、それぞれのお客様に見合った提案を、積極的に打ち出せるのです。

個々の社員が持つ能力を認め、それに相応しいポジションを与える会社の土壌は、良い建物をつくるという観点からも、自己実現を促してくれることを実感します。

お客様のための設計でありたい

1日も早く一級建築士になりたい。その気持ちだけで、私は高松建設への就職を決めました。建築業界といえば、日付が変わっても働くのが当たり前なブラック企業が多いことは、学生時代から知っていました。でも、先に当社へ入社していた大学の先輩から、「ウチならワーク・ライフ・バランスが取りやすい」と教えてもらったのです。

働きながら資格の勉強時間を確保できる点が、入社の動機になりました。入社後には念願だった一級建築士の資格を取得でき、先輩社員の言葉は本当だったと感じています。

学生時代からの目標をクリアした現在、私の目標は「やりたい設計」の原点ともいえる、「お客様のための設計」へと移行しました。

言葉に出すと平凡にも思える、「お客様のための設計」とは、たとえるなら、アートのような設計の反対に位置するものになります。

具体的な例で言えば、コンクリート打ちっぱなしの建物などが該当します。私は昔から、お客様からの要望がない限り、こういった工法を選択しないようにしています。

有名な建築家の方が、よく使われる技法でもありますが、建物の完成時の見栄えが良いかわりに、何年か経つとコンクリートが汚れ、見た目の美しさを維持するのが大変になるからです。

いくらデザイン性に優れていても、メンテナンスの大変な素材を多用した建物では、お客様に負担がかかってしまう。見栄えを最優先する建物をつくるのは、建築家のエゴだといえます。

私自身は、個人の意思を通すのではなく、お客様に長く使っていただける建物を設計したい。それを意識しつつ、どうすれば最適なものをつくれるのか、試行錯誤をしながら設計しています。一人ひとりのお客様にご満足していただける、「お客様のための設計」を、私はこれからも図面に表現したいと考えています。

営業㉔

「ありがとう」「これからもよろしくお願いします」お客様と心が通じた日

80歳とご高齢のお客様は、いつお目にかかっても反応の乏しい方でした。口数の少ないお客様との会話は続かず、気まずい沈黙も珍しくはありません。私は自分の対応が良くないのか、あるいは向こうがこちらを快く思われていないのではと思い悩むようになり、毎回不安な気持ちで訪問をしていました。

互いの距離が縮まらないながらも、継続してご自宅へ伺っていると、「あなたのことを息子たちに伝えておいた。不動産活用については、今後すべて息子たちに任せるので、話をしてほしい」と、ある日向こうからお話をいただきました。

どうやら自分の想像とは違い、お客様は私を認めてくださっているようでした。お客様の申し出に驚いた反面、その気持ちが嬉しく、私はご依頼を引き受けました。その日以来、私はご子息との打合せに臨み、最終的には3棟の建物を建てさせていただくことになります。

お客様との接触回数は減りましたが、私が担当者である事実に変わりはありません。

ご子息と打合せをした際には必ず、決定事項を私からお客様にお伝えするように徹底しました。イベントのご案内、税務トピックスの報告、手土産なども、お客様とご子息のおふたりを、同等に対応をさせていただきました。

私の心遣いが届いたのでしょうか、お客様が建物の決定事項に対して反対されることは、一度もありませんでした。

とはいえ、私の対応にご満足をされているかまでは、お客様の態度からは読み取れません。相変わらず不安を抱えながら、私は訪問を続けていました。


季節が巡って建物の竣工が近づいてきた頃、お客様が交通事故にあわれました。一時は集中治療室に入る危険な状態に陥られましたが、1カ月後には個室へ移動して面会可能になったとお聞きし、私はすぐさまお見舞いへ出かけました。

久しぶりに再会したお客様は、骨折の影響で、チューブやベルトで体をベッドに固定されており、身動きも取れず、痛々しいご様子でした。しかし、そんな状態にもかかわらず、遠慮がちにベッドへ近寄る私を確認すると、お客様は自分から話しかけられたのです。

最初は事故について少し触れられ、一度口を開くと弾みがついたのか、うちの不動産活用は私に任せると話され、ついてはご子息を助けてほしいと懇願されました。さらには、「今までありがとう」「これからもよろしくお願いします」と、ふたつの言葉をおっしゃったのです。

今まで雑談も含め、このようなお話を聞く機会はありませんでした。お客様とのコミュニケーションの取りづらさに、自身の力不足を感じていた私は、驚くと同時に胸が熱くなりました。緊急時に私を頼ってくださる姿を見て、自分がこの方から信頼されていたのを、やっと理解できたのです。

そして後日、私はご子息より意外なお話を聞かされます。担当エリアを私が自転車で営業している姿を、お客様は度々見かけられていたこと、お付き合いのある不動産管理会社の社長や金融機関の支店長から、私の話をお聞きになられた時には、「信頼できる、感心な人物である」と、いつも陰で褒めてくださっていたこと。
日頃は無口で感情を表さない、お客様の温かいお気持ちに触れ、私に残っていた不安は消え去りました。

この一件以来、お客様のために精一杯活動していることは、いつか必ずご本人に伝わると、私は確信を持つようになりました。ただし、それを叶えるには、自分自身が生み出す不安に囚われないよう、今まで以上に仕事に一生懸命になる心構えが問われます。

そのお客様と交わす会話は、その後も多くはありませんが、今の私には、互いの信頼関係に不安は一切ありません。

営業㉕

「こんにちは」という心のこもった挨拶が、お客様を大切にしていることが伝わった瞬間

たかが挨拶、されど挨拶。

気持ちの良い挨拶は、私たち営業担当者が、お客様を大切に思う心の表れであり、当社のイメージを決定づけるツールでもあるのです。

私が入社5年目に出会った、材木店を経営されていたお客様とのエピソードになります。

お客様がお店を営まれていた場所は駅からも近く、国道に面した好立地でした。

当社の歴代のエリア担当者が営業に訪れていた先でもあり、お客様の記憶では、私が8番目の営業担当とのことでした。

訪問当初からお客様とは、ご商売が忙しくなければ面談ができ、雑談が主でしたが、時

には事業の状況なども聞かせていただくことができました。

ある時、お客様との話の流れで、競合他社とのお付き合いについてお伺いしたところ、多くの会社とは付き合いをお断りしており、面談も行っていないとのことでした。

知り合って間もない頃から、自分には気さくにご対応くださっていたので、私はお客様の返答を聞いて不思議に思いました。

なぜ私だけが、ご面談をしていただけるのか。

率直にお尋ねしてみると、歴代の当社の営業担当者が「他社と比較して非常に印象が良かったからだ」と、お客様は教えてくださいました。

それだけでは具体的な理由が不明確だったので、「当社の社員が、お客様に何か特別なことをしたのでしょうか？」と重ねてお聞きすると、拍子抜けするような言葉が返ってきました。

お客様のなかで、一番印象に残っていたのは、営業担当者の「挨拶」だったのです。

お客様の話によれば、他社の営業担当者のなかには、「こんにちは」という挨拶もはっきり言わずにお店に入ってくる社員も多かったようです。酷い場合では、お客様が伝票などを忙しく書いているにもかかわらず、自分の用件を伝えようとする担当者もいたそうです。

一方で、当社の営業担当者は、挨拶を元気良く行ってから、お店に足を踏み入れていました。そのうえで、話に入る前には「今、少しよろしいでしょうか？」と確認を行い、お客様の都合が悪い時には、「改めます」と言って、すんなりと引き下がっていたそうです。

担当者が帰り際には、お店を出てからこちらに向かってお辞儀をしてくれるのも好印象だったと、お客様は言い添えられました。


お店で働く自分たちを気遣う担当者の言動を見て、「この会社は客を大切に考えている」と、当社に格段に良いイメージを持たれたそうです。

挨拶に限らず、お花が好きな奥様に20代の担当者が、「母の日」にカーネーションをプレゼントしてくれたのも、非常に親近感が湧き、親しみを覚えたともおっしゃいました。


この時の会話で、お客様は営業担当者を通して会社を見ていると痛感しました。私自身も、さらに挨拶や礼儀作法を意識するよう、心がけたのは言うまでもありません。

また、自分なりにお客様と親しくなるべく、他の部署とも連携して、少量ではありますが、現場で使う木材をお客様から購入させていただくなど、さまざまな取り組みを行いました。

そんななか、お客様が商売を継続するかどうかを悩まれているタイミングで、今後についてのご相談を受けました。ご相談内容をもとに改めて当社から提案をしたのですが、その際には金融機関の紹介で、複数社からも提案の申し入れがあったそうです。

けれども、お客様のほうで、「高松建設に任せているので」と、そのすべてを断ってくださったのです。お客様の一存により、特命で受注することができました。

このお客様には現在までに、当社で2棟ご建築いただき、管理や大規模修繕などは、当社グループ会社に任せてくださっています。それも、元をたどれば歴代営業担当者の、「挨拶」のおかげです。

当社のエリア営業は、自分自身が受注することも重要ですが、高松建設の名前を良い形でエリア内に浸透させていくことも、非常に大切ではないでしょうか。

私は今でも、挨拶と帰り際のお辞儀を継続しております。ぜひ皆様も、お客様に好印象と感じていただける行動を、心がけて取り組んでみてください。

営業
設計
工事

営業㉖

「15年近く経っても家賃は下がらないうえに、いつも満室で本当に建ててよかった」

「髙松さんにマンションを建ててもらって本当によかった」

お引き渡し後14年が経過しても、ご夫婦は私と顔を合わせるたびに、まるで習慣のようにお礼をおっしゃいます。

このお客様は、地元で古くから解体業をご夫婦で営まれており、老朽化した社屋の建替えを検討されていました。当社のご提案で、社屋の跡地に賃貸マンションを建てようと決心なさったものの、おふたりともマンション経営のご経験がありません。

さらに、駅周辺には賃貸マンションの供給が多いことから、入居に対する不安もお持ちでした。そこで私は、マーケット調査を行い、ターゲットを絞ったうえでコンセプトを明確にした資料をお見せしながら、お客様に説明いたしました。

ご提案したのは、単身者向けの賃貸マンションが多いこの辺りではあまり見られない、広めの1LDKのプランです。潜在的な需要が大いに見込まれるため、あえて既存の物件とは異なった間取りで差別化を図りました。ですが、当初はこちらの狙いを、なかなかご理解いただけない状況でした。

他のマンションより賃料設定を、やや高額に設定したことも気がかりだったのでしょう。周辺には同じような事例が少なく、お客様の不安を解消しきれませんでした。

「将来を見据えた提案」を、どうすればお客様にご理解いただけるか。私は自分なりに考えたうえで、調査の範囲を広げ、他の駅周辺にある賃貸マンションとの比較をして見せるなど、ご夫婦がご理解されるまで、徹底的に市場調査を行いました。最後までコンセプトを貫き、ブレない提案をしたことで、誠意が伝わったのかもしれません。最終的には、おふたりにご納得をいただき契約に至りました。

それ以来、5年、10年と高松建設グループ全体で、マンション事業のお手伝いをさせていただきました。賃貸マンションは常時満室で、家賃の下落もなかったことから、ご夫婦とお目にかかるたびに「(部屋が)空いてもすぐに埋まる」「間取りが良かった」と、常に喜んでいただいておりました。

さらに月日は過ぎ、最初の1棟の完成から14年が経過した2021年に、私はお客様から、予想外のお話をお聞きすることになります。

「がんになって先は長くない」ご主人は私の顔をご覧になると、真っ先にご自身の病状を告げられました。それから、いつにも増して感謝の言葉を、私にかけてくださったのです。

「15年近く経っても家賃は下がらないうえ、いつも満室で本当に建ててよかった。これなら妻や息子に残しても文句を言われなくて済む。本当にありがとう。これからも頼りにしているので息子のことをよろしく頼みます」

ご主人が微笑んで口にされた言葉は、この仕事を続けてきて本当に良かった、と思える特別な一言でした。

営業ではご契約いただいた時が、一番嬉しさを味わえます。けれども、今回のように長期にわたり事業が順調に継続し、次の世代の方にも安心して事業を継承いただけると、担当者として非常に喜びを感じます。

お客様に対して私たちが行う、さまざまな「お役立ち」。そのなかでも、長期にわたって事業が安定する「最善の提案」も「お役立ち」であることを、この案件を通して学びました。

営業㉗

新築のマンションの名前を考える

「新築のマンションの名前を考えてください。新卒で1年目なのはわかっているけど、実家にカレンダーを届けたのは君だろ？　そこからの出会いなので大切にしたいです」

社会人1年目の私にとって、涙が出るほど嬉しかったお客様からのご依頼です。

お客様との関係は、当社のカレンダーが取り持ってくれたご縁と言えるでしょうか。入社1年目の年末、私はある既存顧客の方のご自宅へ、当社のカレンダーをお届けに上がりました。当社では毎年恒例になっている、世界の名画をモチーフにしたカレンダーで、美術好きなお客様からの評判も高いものです。お客様のお母様も、それを大変気に入られたようで、私にお礼の電話をかけてくださいました。

私はお母様からの丁寧なお礼の電話に恐縮してしまい、しどろもどろな受け答えをするばかりでした。けれども、お母様はその様子を気にされることなく、建て替えを検討中のご子息を紹介してくださったのです。
ほどなくして私はお母様のご紹介を受け、ご子息であるお客様の経営される店舗を、賃貸マンションに建て替える計画をご提案することになりました。

入社1年目で経験が浅かった私は、建て替え計画についてお客様から質問をされても、「上司に確認します」と返答するばかりでした。正直なところ建替え計画はほとんど上司が組み立ててくださり、私は横で学ぶばかりで、深くかかわれませんでした。

とはいえ、担当者として自分にお声がけくださった、お母様とお客様への感謝を表すためにも、この案件で自分がかかわれることに対しては、全力で取り組ませていただきたい。私はそんな気持ちから、建て替え計画にかける自分の思いを手紙にして送ったり、計画に進捗があり次第、その都度お客様にご連絡をするように気を付けたりしました。

ご契約が近づいてきた頃に、私はお客様から、あるご依頼を受けます。それは、新築のマンションにつける名前を、私に考えてほしいというものでした。

突然のお客様からのお申し出に、私は挙動不審になっていたのかもしれません。お客様は私を落ち着かせるように、笑顔でお話の続きをおっしゃったのです。

「これが初めての契約でしょ？『一生懸命やらせていただいたらお客様からマンションの名前も決めてほしいと言われました』って、これから先の商談でも自慢できるじゃん。君が決めたマンション名は、エントランスのところに照明を当てて目立つようにしてあげるからな」

一生懸命に取り組む姿はお客様に伝わることを、私はこの案件を通じて学びました。社会人1年目であった私を、大きく成長させていただいた、大切なご契約の思い出です。

営業㉘

お引き渡しまで6年、「新築ビル建設の立役者」と呼ばれるようになるまで

「この人がいなかったら、この建物は建てることができなかった」

お客様が、私をご紹介される声を耳にしながら、私はお引き渡しまでの6年間に経験した、テナントの立ち退き、建物の工法検討、工期の3カ月短縮などの数々の事柄を思い返していました。

本案件は、ターミナル駅から近い目抜き通り沿いにある、テナントビルの建て替えになります。2016年の初訪問で、私は所有者である法人の社長との面談が叶いました。その際の社長との会話では、建て替えはテナントが満室だから不可能とのことでした。当面の間、動きはないだろうと思いながらも、私は社長のもとへ、何度も足を運びました。社長がご存じない情報を、お知らせしたかったからです。

実は立ち退きは可能であり、近隣にもテナントの立ち退きを当社でお手伝いし、建て替

えに至った案件があることなどを、何度も繰り返してご説明しました。

やがてご提案を続けるうちに、社長は会社の内情を私に教えてくださるようになりました。近いうちに自分は社長を退こうと思っており、後継者となる長男は、できることならビルの建て替えをしたいと望んでいると、ご自身の心づもりを明かされたのです。

しばらく経って、私は社長からご長男をご紹介していただき、今後の建て替え計画については、ご長男を施主としてご提案をさせていただく運びとなりました。

ご長男は、ご提案内容・立ち退きのスキームに納得され、設計契約と並行して入居者に立ち退きを求める流れで、計画を進めていくことになります。

当社では、今でこそお客様の立ち退き交渉をお手伝いする専門の部署がありますが、当時は存在しませんでした。そのため、営業担当である私が、お客様の立ち退き交渉をお手伝いすることが始まりました。

幸いにも、予定よりも多く立ち退き料を払ったのは1件のみで、他テナントでは予定通りの立ち退き料で了解を得られ、期間としては1年半で完了しました。

立ち退き完了後には、既存ビルの解体工事・新築工事に取りかかりました。ただし、狭小かつ目抜き通り沿いの土地のため、解体・本体工事ともに難しく、解体工事中に工法検討などにより、工期が2カ月遅れてしまうハプニングが起こります。

工期の遅れについては、こちらから誠心誠意の気持ちでご説明をしたところ、お客様にもご納得をいただけました。しかし、それとは別にお客様のご要望により、工期の遅れを取り戻し、なおかつ工期を1カ月短くする必要が出てきたのです。

「今見込んでいる工期から1カ月短縮してもらえれば、父親の誕生日に間に合うので、どうにか協力してほしい」

お父様への親孝行をしたいというお客様の気持ちに胸を打たれ、私は急いで各部署とのミーティングを開き、各担当者に事情を話して協力をあおぎました。

お誕生日に間に合うように、少しでも早く引き渡しをするにはどうしたらよいか。解決策を考え、実際の行動に移すことで、工事の効率化が進み、引き渡しの1カ月短縮が可能になりました。解体工事で2カ月遅れた分を合わせると、トータル3カ月の工期短縮です。

結果的には最短での引き渡しとなり、お客様には非常に喜んでいただけました。お父様にいたっては、言うまでもありません。

建物竣工から間もなく、お客様は新築物件の最上階でオープンされた自営の飲食店で、身内でのお披露目会を開かれました。お披露目会に出席した当日、私はご家族・ご親族以外では、自分だけがこの会に招待されていることに気づきます。

お客様は、たったひとりの部外者である私を、「新築ビル建設の立役者」という名目で、皆様へご紹介してくださいました。私の存在抜きでは、建て替えができなかったとまで言ってくださったのです。

引き渡しまでの6年間には、仕事面のみならず、お客様に新しい家族ができるなど、さまざまな出来事がありました。

それもあって、ご親戚一同の前で感謝のお言葉をいただいた時には、本当に嬉しさがこみ上げました。「大変だったけど、頑張ってよかった」と心底思ったあの瞬間を、私は鮮明に覚えています。

営業㉙

「いつかは」の思いで訪問を繰り返した4年間の継続力

「継続は力なり」——そんな言葉を実感した事例です。

設計から営業に異動になった私が、担当エリアを訪問し始めた頃からお伺いしていたお客様がいます。農家を営まれるご主人は、俗に言う「地主様」で、すでに不動産経営もされている方でした。

その当時、まだ建設業者としての当社の関東における知名度は低く、最初は自社のご説明からさせていただく状況だったのを覚えています。訪問当初より、「建築の予定はないから、そんなに一生懸命来なくていいよ」と、断られ続けていた先でもありました。

当然ながら事業提案を見ていただけるわけもありません。良い反応をもらえないことは自分でも承知しつつ、「いつかは」の想いだけで、訪問を続けていました。

訪問を開始した1年目。お客様のご自宅近くで開催された当社の「現場内覧会」に、初めてご来場いただくことができました。

「建築の予定はないけど、熱心に通ってくる君の姿勢に根負けした」と、ご主人は私に話しかけられ、興味深そうに現場を見学されていました。

訪問継続中の2年目。それまで一切関心を示されなかった事業提案を、ご主人にようやく見ていただく機会に恵まれました。ご主人と同居されるご子息夫妻が、「よく頑固な親父が話を聞くようになったもんだ」と、揃って驚かれていた様子が印象に残っています。

しかし、この時は、ご主人から事業を進めるお話はいただけませんでした。

訪問3年目。この年はとくに状況が動かないまま過ぎ、相変わらず定期的な訪問を繰り返していました。

そして迎えた、訪問4年目。私は継続的に訪問しつつ、内覧会や資料の持参、ご家族との親交を深めることに力を入れていました。そんななか、千葉から東京の営業所への異動が決まります。

営業社員にとって職場の異動とは、担当エリアを外れることであり、担当するお客様への訪問の終わりを意味します。私は、改めて異動のご報告にお邪魔しました。

すると、私の話を聞き終えた直後にご主人が、「建設する決心をしたからウチの担当を続けてくれ。君が担当者であることが高松で契約する条件だ」と、断固とした調子でおっしゃったのです。続けてご子息も、「親父のところへは他の会社の営業社員も来ていたけれど断っていた。その姿を間近で見ていたので、親父のためにもお願いしたい」と、頭を下げられました。

このような経緯で、実に4年目にして、受注をすることができました。営業初心者だった私は、このお客様からさまざまな宿題を頂戴し、勉強・成長をさせていただいたのです。

さらに、建物完成後には、予定していなかったお孫様を新居に住まわせるほど、ご主人には喜んでいただけました。

ご主人は2年前に他界されましたが、事業を引き継がれたご子息へは今でも訪問させていただいており、2棟目の建築のお話も持ち上がるような関係が継続しています。

営業に部署異動した当初は、難しさばかりで、モチベーションが上がらないこともありました。それをくつがえし、「自分のしていたことに間違いはなかった」と確信できたのは、継続することで結果が得られると実感できた、この方との出会いのおかげです。

設計⑦

お客様のご賛同によりコンセプトが実現、「都市景観奨励賞」に選ばれる

そこで暮らす人々が、集まり、憩いのひとときを持てる、緑豊かな公園のような広い空間。それは同時に3棟建設した、マンションの借景から生まれました。

平成9年頃、とある区画整理地区内で、マンション建設計画が立ち上がりました。その計画とは、道路を挟んだ3区画で、工事を同時進行するというものです。もっとも、土地の所有者は違っていましたが、計画から設計・施工までを当社が単独で行う物件でした。

私は、新しい街並みの形成をコンセプトに、建物同士に統一感を持たせて、ひと続きの空間とみなし、そこに自然を感じさせる森の要素を取り入れた設計をしようと考えました。

3人のお客様にコンセプトをお伝えすると、ありがたいことに全員からのご理解を得られて、計画はスタートしました。

とはいえ、マンションの外観やデザイン、色調などは、お客様がご自身の好みで選びたい箇所でもあります。個人の好みも当然考慮すべきであり、都市計画の景観だけを重視するわけにはいきません。

マンションの緑化や各棟の色決めにおいては、それぞれのご自宅に伺い、他の棟の説明をしながら、一つひとつ承認をいただきました。こうしたいくつもの調整を重ねて、四季の移り変わりを感じられる、街のランドマークに相応しい緑の空間が完成します。


3棟のアプローチは一方向にまとめ、隣地との境界にフェンスや塀を設けず、互いの緑地が借景できる設計としました。建物のデザインについては、各マンションの形状に特徴を持たせながらも、色彩計画には、互いのタイルの色を部分的に使い合うことで、共通したトーンとなるように意識しました。これらの工夫により、3棟全体でのまとまりが生じ、調和を醸し出すことができたのです。

無機質だった区画整理地区には、マンション竣工とともに、街行く人も立ち寄れる、癒やしの場が誕生しました。

完成時にはお客様から、「よく同時に3人の客に対して、個別に納得のいく説明ができたね。皆の意見をまとめるのは大変だったでしょう」と、労いの言葉をかけていただき、大変だったけれど、そのぶん達成感を得られました。

お客様たちに喜ばれただけでなく、当計画はその後、市の「都市景観奨励賞」に選ばれました。この受賞は計画のコンセプトである、「少しでも街並み形成に寄与できれば」との願いを実現するために試行錯誤した結果の表れではないかと思います。

それと同時に、3棟のお客様が当社の提案にご賛同いただいた結果得られたものでもあり、快く当社の申し出を受け入れてくださった皆様には、改めて感謝をしております。

このマンション計画を経て、私は今後も、お客様と近隣の方々に喜んでいただける建築物を目指していきたいと深く心に刻みました。

工事⑨

マンション建設と神社の参道。地域の文化を尊重しながら理想を追求

神社の参拝者に迷惑をかけず、工期内で工事を終わらせるには何をすればよいのか。考え抜いた末に出した結論は、一見無謀にも思える、3棟建てのマンション建設工事と並行した、神社の参道・お客様の自宅の工事でした。

以前私が所長として担当した物件は、その立地条件に特色がありました。建設予定の建物の規模がRC造4階の3棟建てのマンションで、その隣には神社の参道が、一面に広がっていたのです。加えて、その参道を常時参拝者が通るために、工事には格別の配慮が求められました。

工期の関係上、3棟同時に躯体工事を進める計画のうえ、さらに今回の計画では、参道の整備と一緒に、参道に隣接するお客様の自宅の改修工事も行う設計となっていました。

当初のお客様との契約工程では、参道の工事および自宅の工事は、マンション建設の契

約工期内とは切り離し、残工事として契約する形でした。

先述の理由で、着工時の担当部門長に、「残工事を含めると、契約工期内の竣工はかなり難しいものになる」と言われるほどの条件で、工事着手となりました。

ところが、工事に着手して図面を確認し、竣工までの施工計画を検討してみると、参道・自宅の改修工事と本体のマンションの工事を、同時に完了させるべきであることが判明します。ただし、それを実行するには、工期を短縮しなければなりません。

工事の開始前より、工期を守るのは厳しいスケジュールだと聞いています。私は何か突破口がないかと、施工計画そのものを見直しました。

計画を再検討し、「3棟同時の躯体工事をスムーズに施工する仮設計画の見直し」と、「マンション工事途中で並行して参道工事に着手する計画の検討」を、重点管理ポイントに定めました。そして、この2つを軸に、施工管理にあたりました。

具体的には、今回の工事が神社の参道であることを逆手にとり、まずはお客様に、参道

営業 設計 工事

の拡幅依頼をご承諾いただきました。参道の道幅を広くすれば、大型車両の搬入が可能になり、工期の短縮も見込めるからです。
次に、参道工事の並行着手を成功させるために、参拝者に迷惑のかからないよう、既存の参道の他にも、敷地内に迂回路となる新たな参道を設けました。
大型車両の搬入と参道の増設により、工事の効率は格段に上がり、本工事と並行しての参道工事が実現したのです。

逆転の発想で挑んだ工事でしたが、その結果、契約工期内ですべて完工できました。外壁の一部に和の趣を持たせたマンションは、隣接する神社の参道とも調和し、情緒ある街並みに新たな景観を生み出しました。

着工時の部門長からは、「よくここまでできた」と、竣工検査時に言っていただき、年間に実施される社内表彰制度では、東京・賃貸マンション部門の最優秀工事にも選出されました。これにより、自分と部下たちが苦労した結果が、会社にも評価されたことを、私は心から実感できました。

おわりに

仕事で大切にしていること。それは一人ひとりの心のなかに

髙松建設で仕事をしていくうえで、「この仕事をしていて良かった」と感じる瞬間は、一人ひとりあるでしょう。社員の皆様の経験談を集めた本は、「感動事例集」として、これまでも営業部のエピソードを中心に発行されてきました。

今回、リニューアル版『私たちが仕事で大切にしていること――心に残る感動エピソード50選』を制作するにあたり、営業部だけではなく、工事部や設計部のエピソードも共有したい、髙松建設で仕事をしていると「こんなに嬉しくなる瞬間があるんだ！」ということを皆様に知っていただきたいという想いで企画しました。

皆様ご自身と同じ職種はもちろん、あまり知らなかった仕事領域についても、この本につづられたエピソードを通して、「そんな苦労があったんだ、こんな面白い仕事をしているんだ」ということを少しでも知ってもらえるきっかけになれば幸いです。

建物をつくるという仕事は、扱う金額も大きく、当たり前ですが、コンビニに置いてある商品のようにコモディティとして消費されるわけではありませんので、日常品のように気軽に購入してもらえません。

お客様の立場から見ると、人生や会社の将来を左右する買い物（事業投資）で、ご発注いただくまでは計り知れない心労があるでしょうし、その設計・施工には大きな責任が伴うことは言うまでもありません。

そのようなプレッシャーのなかで仕事をしている社員の皆様は、時に心が折れてしまいそうになったり、落ち込んだり、もう無理かもと感じてしまったりすることは多々あるでしょう。そんな時にこの本を手に取り、「先輩や仲間たちも大変な苦労があったけど、それを乗り越えればこんなにもお客様に喜んでいただけるんだ、こんなにも素晴らしい体験が待っているんだ」ということを思い出すきっかけになれると嬉しいです。そして、少しでも前向きな気持ちになり、明日も頑張ってみようかなと思っていただけると、この書籍を制作した意義があります。

また、今回は当社の仕事を構成するメインの部署として、営業部・設計部・工事部のエピソードを取り上げましたが、その仕事を裏で支える間接部門の社員の皆様も同様に、一人ひとり「この仕事をしていて良かった」と思える瞬間はあるはずです。部署の枠を超えて社員全員がひとつのチームとなって、人々に喜んでいただける仕事をしているんだということを胸に、これからも髙松建設の仕事に誇りを持ちたいものです。

今回の書籍制作にあたり、社員の皆様にエピソードを募集したところ、予定していた数よりはるかに多い約１８０のエピソードを寄せていただきました。今回は紙面の都合上50のエピソードを紹介させていただきましたが、掲載しきれなかったエピソードはどれも本当に素晴らしいもので、会社内は多様な感動エピソードで彩られているものだと感じました。原稿にご協力いただきました社員の皆様をはじめ、個別インタビューにご協力いただいた社員・役員の皆様、出版にあたり編集にご協力いただいたクロスメディアグループの皆様へ、心より感謝申し上げます。

２０２３年5月吉日

髙松建設 感動事例集制作委員会

[著者略歴]
高松建設 感動事例集制作委員会
(たかまつけんせつ・かんどうじれいしゅうせいさくいいんかい)
高松建設株式会社 総合企画部 広告広報室所属「感動事例集」制作プロジェクトメンバー。社員によるエピソードを収集し、実践的なケーススタディや成功事例を通じて、社内・社外の皆様により当社の仕事への理解を得られるよう「感動事例集」を制作・編集している。

私《わたし》たちが仕事《しごと》で大切《たいせつ》にしていること
——心《こころ》に残《のこ》る感動《かんどう》エピソード50選《せん》

2023年6月11日　初版発行
2023年6月24日　第2刷発行

著　者　高松建設 感動事例集制作委員会

発行者　小早川幸一郎

発　行　株式会社クロスメディア・パブリッシング
〒151-0051 東京都渋谷区千駄ヶ谷4-20-3 東栄神宮外苑ビル
https://www.cm-publishing.co.jp
◎本の内容に関するお問い合わせ先：TEL(03)5413-3140／FAX(03)5413-3141

発　売　株式会社インプレス
〒101-0051 東京都千代田区神田神保町一丁目105番地
◎乱丁本・落丁本などのお問い合わせ先：FAX(03)6837-5023
service@impress.co.jp
※古書店で購入されたものについてはお取り替えできません

印刷・製本　株株式会社シナノ

ISBN978-4-295-40849-9　C2034